KB130463

공부 자존감은 초3에 완성된다

앞으로 공부 9년을 좌우하는 초등 교육의 모든 것

공부 자존감은 초3에 완성된다

김선 지음

웅진지식하우스

*** 일러두기**

이 책에 등장하는 아이들의 이름은 모두 가명이며,
사례도 경우에 따라 일부 각색되었음을 밝힙니다.

프롤로그

초등 저학년,
‘열심히’ 말고 ‘영리하게’ 작전이 필요한 때

몇 해 전, 3학년 저희 반에는 매일 왕복 두 시간이 걸리는 학군지 대형 학원에 아이를 실어 나르는 학부모님이 계셨습니다. 아이는 쉬는 시간마다 영어 단어를 외우고 영재원 대비 수학 문제를 푸느라 친구들과 놀 시간이 없었지요. 친구들과 어울리지도 못하고 매일 혼자 문제집만 들여다보고 있는 아이가 안쓰러워 조심스럽게 어머님께 상담을 신청했습니다. 그러자 상담을 오신 어머님께서는 학군지로 이사 갈 형편이 안 되니 이렇게라도 밀어주어야 한다는 확고한 신념을 표현하셨습니다.

그렇게 한 해가 흘렀습니다. 안타깝게도 그 아이는 학원 숙제를 하느라 좀처럼 학교 수업에 집중하지 못했고, 결국 전 과목 수행평가는 '보통' 정도로 마무리되었습니다. 학교 수업만 충실히 들어도 충분히 잘 해냈을 아이가 쉴 틈 없는 학원 스케줄과 과다한 숙제들로 헉헉대는 모습이 안타까웠습니다.

더욱 안타까웠던 것은, 이것이 어느 한 아이의 문제가 아니었다는 것입니다. 그 아이의 엄마 곁에는 교육 정보를 얻으려는 다른 엄마들이 끊이지 않았습니다. 그 아이 엄마가 과학 수업이 필요하다는 정보를 꺼내면 우리 반 아이들은 우르르 천문대 수업을 다니기 시작했고, 역사 교육에 대한 정보를 전하면 경쟁하듯 역사 체험 수업을 등록했습니다. 코딩 교육에, 드론 수업까지 아이들을 실어 나르느라 저희 반 엄마와 아이들은 단체로 매우 바빠지기 시작했습니다. 그런 바쁘고 피곤한 아이들을 교실에서 매일 마주하는 저는 매우 안타까웠습니다. 아이들의 시간과 에너지, 부모님의 돈이 허무하게 사라져가는 모습이 훤히 보였기 때문입니다.

넘쳐나는 주변의 정보와 불안감을 조성하는 광고, 우리 아이만 뒤처지는 것 같은 불안함에 빠진 부모는 옆집 엄마의 한마디에 쉽게 넘어갑니다. 입학 전부터 시작한 학습지는 과목별로 점점 늘어나 웬만한 대형 학원의 학원비를 방불케 하고, 하나둘 보내기 시작한 학원의 원비까지 합치면 백만 원이 훌쩍 넘어갑니다. 안 그래도 불안한 이 시점에 이제는 "사교육 시킬 돈으로 차라리 주식을 사줘라"라는 말까지 들려옵니다. 이쯤 되면 무엇이 정답인지 판단하기가 정말 어렵습니다. 과연 정답이 있기는 한 걸까요?

저는 초등학교 현장에서 18년간 근무하며 그동안 천여 명의 아이들을 만나왔습니다. 매년 담임을 맡은 30여 명의 아이들을 가까이에서 지켜보다 보면, 특히 공부에 소질을 보이는 아이들이 눈에 띄게 마련입니다. 교과에 대한 이해력도 빠르고, 학습 태도도 좋은 아이들이지요. 그중에는 시간이 지날수록 더 실력을 발휘하는 최상위권 아이들도 있습니다. 초등학생 때 다져놓은 올바른 공부 습관을 잃지 않고 올라가, 결국 중고등학생 때 모두가 부러워하는 입시에 성공하는 아이들 말입니다.

그렇다면 어떤 차이가 최상위권 아이들을 만드는 것일까요? 정말 많은 부모님들이 생각하시는 것처럼 '부모의 정보력과 경제력', 그리고 '타고난 공부머리'가 공부 잘하는 아이를 만드는 핵심 조건일까요? 저 역시 교사의 입장에서, 또 비슷한 또래 아이들을 둔 엄마의 입장에서 궁금했습니다. 그래서 공부 잘하는 아이들에겐 어떤 비결이 있는지, 사교육 경험, 부모님의 교육열, 타고난 기질과 성격, 인성과 태도 등 다양한 관점에서 관찰해보았습니다.

그리고 저마다 다른 조건을 가진 최상위권 아이들에게 딱 한 가지 공통점이 있다는 사실을 깨달았습니다. 바로 '좋다는 것을 더 많이 한 게 아니라, 쓸데없는 것을 덜 했다는 것'. 최상위권 아이들의 부모님들은 주변의 말만 듣고 무조건 사교육을 시작하지 않았습니다. 꼼꼼하게 효과를 따져보고, 아이의 상태와 의지를 점검한 뒤, 자신들의 경제적·시간적 상황을 두루 살폈습니다. 사교육 때문에 공교육에 충실하지 못하게 되는 선택은 하지 않았습니다. 여러 가지 선택지를 따져본 후 '열심히'가 아닌 '영리하게' 교육을 시켰지요.

아이들의 집중력은 무한히 물을 퍼 쓸 수 있는 바다가 아닙니다. 매일 조금씩 채워지는 작은 우물에 가깝지요. 남들이 좋다는 수업을 다 시키다 보면 아이의 집중력은 분산되어 소모될 수밖에 없습니다. 선택과 집중을 통해 아낀 시간과 에너지를 정말 필요한 곳에 집중하는 것은 사교육의 홍수에 빠진 대한민국의 모든 부모와 아이들의 필수 덕목입니다.

저는 사교육을 하지 말자는 사람이 아닙니다. 사교육이 필요한 부분은 늘 있어왔습니다. 공교육 현장에 있지만 '단 한 명도 포기하지 않는 교육'을 실천하기가 어렵다는 것을 누구보다 잘 알고, 또 매일 느끼고 있습니다. 교실 속 아이들의 그 다양한 수준차를 모두 만족시킬 수 없기에 아이의 상황에 맞는 적절한 사교육은 필요합니다. 핵심은 '선택'입니다.

열심히 하기보다 영리하게 해야 할 때입니다. 생활비를 아껴가며 신청했던 학습지가 아이의 흥미를 오히려 떨어뜨리고 기계적인 문제 풀이가 되었다는 걸 십 년이 지나 알게 되는 슬픈 일은 없었으면 합니다. 아이의 학원비가 부족해서 경력 단절의 두려움을 떨쳐내고 생활 전선에 다시 뛰어든 게 결국 대형 학원 전기세를 내는 일이었다는 걸 느끼는 일도 없었으면 합니다. 하나만 선택해야 한다는 절박함이 아닌 효율적인 선택지를 확보하는 기회로 바라보았으면 합니다. 사교육의 홍수 속에 불안하고 조급해하는 미취학, 초등 저학년 자녀의 학부모를 위한 공교육 교사의 제대로 된 정보와 충고를 시작합니다.

· 목차 ·

PART 1

똑똑하고 효율적으로, 초등 공부 제대로 시키는 법

Chapter 1 초등 저학년 공교육 vs. 사교육, 기준을 세우자

Chapter 2 스스로 공부하는 아이는 초등 저학년 때 완성된다

PART 2

초등 저학년 과목별 최적의 공·사교육 밸런스

Chapter 3 국어 - 모든 과목의 기본 중의 기본

Chapter 4 영어 - 아웃풋이 시작되는 초등 영어

PART 3

선생님이 답해드립니다!
초등 공·사교육 고민 상담소

PART 1

똑똑하고 효율적으로, 초등 공부 제대로 시키는 법

Chapter 1

초등 저학년 공교육 vs. 사교육, 기준을 세우자

01

2% 부족한 공교육, 과하면 독이 되는 사교육

공교육이 2% 부족할 수밖에 없는 이유

18년차 초등 교사가 바라보는 공교육은 어떨까요. 교육 현장에서는 나날이 학생 개개인의 특성을 고려한 맞춤형 교육이 강조되고 있습니다. 과거에는 국가가 제시하는 교육과정에 따라 일제히 수업을 진행하는 방식이었다면, 이제는 각 학생의 성취 수준을 고려하여 교사별로 교육과정을 재구성하여 수업하도록 권장되고 있지요. 이를 위해서 교사는 교과 내용을 잘 알아야 하는 것은 물론이고, 학생 및 학부모의 요구, 사회의 변화까지도 반영해야 합니다.

이와 더불어 학부모는 교사들이 개별 아이들에게 맞춤식 상담과 교육을 제공해주기를 바라고 있습니다. 예전에는 한 반에 학생이 50명씩 되었어도 일제식 강의형 수업이었기에 교사의 수업 부담이 적었습니다. 또 교사를 '스승'으로 존경해주던 분위기도 있었고요. 그러나 지금은 그 시절과는 분위기가 많이 다릅니다. 무엇보다 가장 힘든 건 학생들의 생활 및 인성 지도이지요. 교사에게 아이들을 제지할 수 있는 것들은 거의 없습니다. 교실에서 한 아이가 수업을 지속적으로 방해해도 하지 말라는 말만 할 수 있을 뿐, 아이에게 체벌을 주거나 외국처럼 벌점제를 도입해 학부모를 학교에 오라 할 수도 없습니다. 또한 각 학교에서 상주하며 문제가 발생하면 즉각적으로 상담을 진행하는 상담교사의 인원은 턱없이 부족하고, 학급 내에 투입될 수 있는 보조교사는 기대할 수도 없습니다. 오롯이 이 모든 것들은 담임교사에게 맡겨지지요.

그러려고 교사가 된 것 아니냐는 말씀도 맞습니다. 그러나 앞서 말한 것처럼 예전 아이들 50명과 지금 아이들 30명은 차원이 다릅니다. 왜냐하면 개정된 교육과정에서는 아동 개개인의 맞춤형 수업이 강조되고 있기 때문입니다. 획일적이고 일방적인 지식 전달이 아닌 상호작용 및 다양한 학습 방식이 강조되고 있는 상황에서 30여 명 아이들의 경우의 수에 따른 지도는 너무나도 어려운 것이지요. 더군다나 선행학습으로 이미 다 배우고 온 친구들과 하나씩 설명해도 따라오기 어려운 친구들의 학업 차이는 더 커졌습니다. 저는 매년 아이들을 만날 때마다 변화의 소용돌이에 있다는 것을 피부로 느끼며 맞이합니다.

"부모 말은 안 들어도 선생님 말은 잘 듣잖아요"라는 말도 듣습니다. 그런데 사실 요즘 아이들에게는 "학교에서는 선생님이 곧 엄마야"라고 말해주고 있지요. 아침 조회가 끝나면 아이가 물약을 가지고 와서 냉장고에 넣었다가 점심 먹고 30분이 지나면 먹여달라고 합니다. 우리 아이가 아침에 컨디션이 안 좋았으니 시간마다 아이를 좀 체크해달라는 부모님도 계시고, 수업이 끝나면 피아노 학원 갔다가 태권도 학원에 가게 해달라는 요청 전화도 꽤 많습니다. 반 아이들이 30명이면 교사의 시선은 30분의 1로 분산될 수밖에 없는데, 내 아이에게만큼은 교사가 온전한 1의 관심을 보여주길 기대하는 경우가 많지요.

더군다나 이제는 아이들 주변에 선생님이 너무 많습니다. 학습지 선생님, 태권도 선생님, 피아노 선생님, 인라인 선생님 등 눈만 돌리면 선생님이 계시지요. 학교 선생님으로서 아이들에게 보일 수 있었던 권위는 점점 사라지고 있습니다. 교사로서의 사명감에 학습 부진이 걱정스러운 아이를 남겨 공부시켰다가 나머지 공부 때문에 아이의 자존감이 떨어졌다고 민원을 받기도 하고, 쉬는 시간에 더 공부시켰다가 아이의 놀 권리를 빼앗겼다고 국민신문고에 올라가기도 합니다. 결국 교사들은 어느 정도 포기 아닌 포기를 하게 되지요.

방법은 하나입니다. "어머님, 선이가 두 자릿수 곱셈을 어려워하는데 좀 살펴봐주세요"라고 연계지도를 부탁하거나 아니면 어느 것이 옳은 길인지 갈팡질팡하는 교사로서의 마음을 어느 정도 내려놓는 것이지요. 공교육이 2퍼센트 부족할 수밖에 없는 이유입니다.

과하면 독이 되는 사교육

교육의 사전적 의미는 '지식과 기술 따위를 가르치며 인격을 길러줌'이라고 합니다. 교육을 받으면 지식이든 기술이든 무언가를 배우게 되는 것은 당연하지요. 문제는 뒷부분, '인격을 길러줌'입니다. 과연 인격이 길러지고 있나요.

특히 사교육을 많이 하고 있는 아이들은 너무나도 바쁜 스케줄로 인해 여유를 잃은 채 극과 극의 모습을 보이는 경우가 많습니다. 반복되는 무한 학습에 짜증이 가득하거나 무기력하게 변한 것이지요. 실제로 열 개가 넘는 학원을 다니는 친구들도 여럿 보았습니다. 에너지 총량의 법칙처럼, 집중력에도 한계가 있습니다. '집중 총량의 법칙'에 의거해서 이런 친구들은 학교에서 집중하기 어렵습니다.

자신에게 맞춰주는 일대일 수업에 익숙해진 친구는 더 그렇지요. 수업 중에 자신이 말해야 할 때와 친구들의 말을 경청해야 할 때를 구분하지 못한 채 자신만이 주인공이 되려 하거나, 토라져서 아예 참여를 하지 않는 양극화된 모습을 보입니다. 혹은 "저 그거 알아요", "너무 쉬워요", "너, 이것도 몰라?"라는 말을 하며 선생님과 친구 마음에 상처를 주기도 하지요. 교육은 진행했는데 지식과 기술만 얻었을 뿐 인성을 기를 기회는 얻지 못한 것이지요. 이런 친구들은 저의 교육 경력 18년을 돌이켜보았을 때 최상위권으로 가지 못한 경우가 대부분입니다. 최상위권 아이들은 타고난 영재든 만들어진 아이든 상관없이 '인성과 인격'을 기반으로 한 아이들임에 틀림없습니다.

제가 생각하는 더 큰 문제는 '교육'이라는 그럴듯한 명분을 내건 '상술'입니다. 사교육 시장이 세분화되고 다양해지면서 요즘엔 '아니, 굳이 저런 학원까지 다녀야 하나' 싶은 것도 많습니다. 예를 들면 아이들과 어울리는 방법을 가르친다며 보드게임 학원을 다니게 한다거나, 하워드 가드너Howard Gardner의 다중지능 이론Multiple Intelligence(언어 지능, 논리 수학 지능, 공간 지능, 신체 운동 지능, 음악 지능, 대인관계 지능, 자기 이해 지능, 자연 탐구 지능의 8개 유형으로 지능을 구분)을 접목시켜 온갖 지능 검사와 체험 학습을 유도하는 것이지요.

심지어 24개월 아이를 대상으로 하는 학습지 수업도 있다고 하니, 도대체 우리 주변의 사교육은 어디까지 손을 뻗치고 있는 것일까요? 이쯤 되면 유럽의 저명한 교육철학자인 프뢰벨Friedrich Wilhelm August Fröbel과 몬테소리Maria Montessori가 우리나라에서는 유아 교육 프로그램 이름쯤으로 알려진 것도 놀랍지 않지요.

이제부터는 공교육의 2프로 부족한 부분만 사교육으로 채워주세요. 공교육을 무조건 불신하고 100프로를 사교육으로 채우려다 보면 아이와 부모님 모두 버티기 힘들어집니다. 사교육은 시키면 시킬수록 많은 것을 배우는 약이 되는 게 아니라 과하면 독이 된다는 사실을 잊지 마세요.

02

부모님이 우왕좌왕하는 순간 첫 단추가 잘못 채워집니다

잘 먹고 잘 자는 것만으로도 최고라 칭찬받던 아이가 초등학교에 입학하는 날. 아이와 함께 입학식에 다녀온 엄마는 학부모가 되었다는 설렘보다 불안함이 더 커졌습니다. 유치원 때 선생님과 소통을 주고받던 키즈노트는 사라지고 일방적으로 아이를 통해 전달되는 알림장만 받게 되었기 때문입니다. 그런데 알림장을 아무리 읽어보아도 '10칸 노트'는 어떤 걸 말하는 건지, '에디슨 젓가락 세트'를 보내도 된다는 건지 해석이 되지 않습니다. 불안함은 계속 이어지게 되지요. 마땅히 물어볼 곳이 없기 때문입니다.

담임선생님께 세세히 묻기도 어려우니 결국 각종 온라인 커뮤니티와 유튜브를 헤매며 정보를 찾기 위해 눈을 부릅뜹니다. 그런데 정보의 바다를 헤매다 보면 어느 순간 내 아이 교육에 대해 걱정이 되기 시작합니다. 남들은 이렇게 다양한 공부들을 시키고 있다는데 나만 아이를 내버려두고 있는 것 같은 기분이 드는 것이지요.

시간이 지나 반 단체 채팅방이 만들어지고 모임도 생겼습니다. 이제 정보를 공유할 엄마들이 생긴 것입니다. 다행이라 생각했는데 정말 다행일까요? 그 전까지는 온라인 커뮤니티나 SNS에서 아이들 사교육 사례를 보아도 내 아이와는 먼 이야기라 느꼈었는데, 이제 정보의 주체가 '내 아이 친구', '같은 반 엄마'가 되고 보니 왠지 마음이 바빠집니다. 다른 엄마들은 아이에게 무엇을 시키고 있는지, 어떤 학원을 보내는지 궁금해집니다. 그리고 자연스레 사교육 라인을 꿰고 있는 엄마는 그때부터 단톡방의 든든한 정보 지원군이 되는 것입니다.

그런데 잠깐만 생각해볼까요? 왜 우리는 교육 전문가도 아닌 옆집 엄마 말에 그렇게 휘둘리는 걸까요? 그 집 아이는 아직 이렇다 할 성과를 낸 것도 아니고, 그 집 엄마도 아이를 다 키워본 것도 아닌데 말입니다.

잘못된 첫 단추는 불안감에서 시작된다

2014년 '사교육 걱정 없는 세상'과 유은혜 국회위원실이 만 5세

유아의 일주일간 총 사교육 정도에 대해 학부모 7,628명을 대상으로 조사한 결과가 있습니다. 학부모들의 65.9%가 자녀의 사교육 정도에 대해 '적절한 편'이라고 생각했고 '다소 부족한 편'이라는 응답도 30.1%를 차지했습니다. 문제는 '다소 부족한 편'이라고 응답한 이유를 묻는 문항에 '남들에 비해서 조금 시키고 있기 때문'이라는 응답이 73.6%나 차지했다는 점입니다.

다시 말해 입학 전부터 이미 많은 학부모가 자신은 남들보다 아이 공부를 부족하게 시키고 있다고 생각하며, 바로 이 점이 옆집 엄마의 말에 휘둘리게 되는 불안 요소로 작용한 것이지요. 결국 내 아이에게 학습을 투입할 때 다른 사람, 옆집 아이가 학습의 비교 대상이 된 것입니다. 불안감에서 비롯된 이 같은 잘못된 비교가 초등 첫 단추를 어긋나게 만드는 결정적 원인입니다.

초등 '돼지엄마'의 탄생

흔히 학원가에서 사교육 정보를 줄줄 꿰고 있어서 엄마들 사이에서 교육 문제에 관한 한 리더가 되는 엄마를 '돼지엄마'라고 하지요. 제가 아는 분 중에도 '돼지엄마'가 있었습니다. 그분이 추천하는 수업에 들어가기 위해 엄마들은 애를 썼고, 자기 아이랑 맞든 맞지 않든 무조건 신청했지요.

문제는 끝도 없이 새로운 수업이 계속된다는 점이었습니다. 추천받은 영어 학원의 레벨 테스트를 위한 일대일 영어 과외, 유명한 수학 학원에 들어가기 위한 선행 수업, 논술 수업, 과학 실험 수업, 성악 레슨, 수행평가를 대비한 방문 미술 수업, 한국사 및 세계사 수업, 역사 체험 수업, 악기 레슨, 바른 체형을 위한 필라테스까지 끝이 없었지요. 거기에 남들과는 다른 차별화된 특기를 위한 탭댄스 수업과 중국어 수업까지 추천되니 주변 엄마들과 아이들은 허덕이기 시작했습니다.

결국 몇몇 아이들은 성과를 보기도 전에 지쳐 떨어져나가게 되었습니다. 학원비는 학원비대로 썼고, 그 과정에서 부부간에 갈등도 생겼지요. 소규모 그룹 수업에서 중도에 나오다 보니 결국 돼지엄마와도 사이가 틀어졌습니다. 그러나 이 과정에서 가장 큰 상처를 받은 것은 아이들이었습니다. 그렇게 친구들과 몰려다니며 같이 보낸 시간들에 대한 보답이 너무나도 형편 없었기 때문입니다. 초등학교 저학년, 성취감과 끈기를 배워야 하는 시간이 그렇게 날아갔습니다.

교육은 끝이 없습니다. 아이에게 진행했을 때 그 자체로 나쁜 수업은 거의 없지요. 그렇기에 한계를 정해놓아야 합니다. 내 아이가 감당할 수 있는 시간과 에너지의 한계, 우리 가정이 지원해줄 수 있는 교육비의 한계를 정해야 하는 것이지요. 그래야 돼지엄마가 끌고 다니는 그 무리에서 자유로울 수 있습니다. 기대감에 부풀어 따라간 곳이 알고 보니 진흙투성이였고, 그 속에 숨겨진 단 하나의 진주를 모두가 경쟁하듯 찾고 있었던 건지도 모르지요.

핵심은 불필요한 수업 빼기

제가 18년간 몸담으며 살펴본 초등학교 현장에서는 불필요한 학원을 다니느라 정작 필요한 곳에서는 에너지를 쓰지 못하고 지쳐버리는 아이가 많았습니다. 특히 불안감을 부추기는 주변 이야기로 인해 초등 저학년 때 굳이 듣지 않아도 되는 불필요한 수업을 듣느라 가정 경제에까지 타격을 받는 학부모님도 많았습니다. 저는 현장에 있으면서 이 사실이 너무나 안타까웠습니다. 초등학교 저학년 때는 많은 돈을 들이지 않고도 가능한 효율적이고 가성비 높은 교육이 많기 때문이지요. 게다가 더 큰 문제는 사교육 시장에서 우왕좌왕하는 사이에 아이의 공부 인생에서 가장 중요한 초등 저학년 시기가 순식간에 지나가버리고 만다는 사실입니다.

학습지와 학원 숙제를 하느라 아이들은 놀 시간이 없어 짜증이 나 있고, 학부모님들은 늘어나는 학원비 때문에 한숨을 내쉽니다. 이렇게 아이들과 학부모님의 돈, 시간, 에너지가 버려지는 것을 더 이상은 원하지 않습니다. 비용 대비 효과를 높일 수 있는 필수적인 초등 저학년의 교육이 필요한 때입니다. 즉, 불필요한 수업은 빼고 첫 단추부터 제대로 끼우자는 것이지요.

초3의 '공부 자존감'이 고3까지 간다

초등 교육의 가장 근본적인 목표는 '일상생활과 학습에 필요한 기본 습관 및 기초 능력을 갖추고, 바른 인성을 기르는 것'입니다. 이것은 아이가 인생을 살아가는 데 있어서 가장 중요한 덕목이기도 하며, 짧게는 초중고 12년의 공부 인생을 헤쳐나가기 위해서도 반드시 필요한 요소입니다. 특히 '공부 자존감'의 밑바탕이 되는 기본적인 학습 습관과 인성은 고학년이 될수록 바로 세우기가 어려워집니다. 그러니 초등 저학년에는 학습 습관과 인성을 교육하는 데 가장 중점을 두어야 하지요. 멀리 보지 못하고 눈앞의 선행학습에 치중하다가는 정말 중요한 것을 놓칠 수 있습니다.

문제를 파악하고 해결 방법을 추측하는 능력(문제 해결력), 한 가지 문제의 답을 다각도로 생각해볼 줄 아는 사고력(심화 사고력), 스스로 계획을 세우고 그것을 실천하는 능력(자기 주도 학습), 책상 앞에 버티고 앉아 있는 힘(끈기와 인내력) 등은 모두 공부 자존감의 기본 바탕을 이룹니다. 그리고 공부 자존감은 반드시 초등 저학년 시기에 길러주어야 학습이 심화되기 시작하는 3학년 이후부터 도약할 수 있는 힘이 되지요.

6년이라는 아이들의 초등 시기는 생각보다 짧습니다. 돌이킬 수 없는 시간과 에너지, 그리고 아이의 미래를 위해 비축해두어야 하는 교육비를 조금 더 계획적이고 효율적으로 사용해야 합니다. 그리고 저학년 아이 교육의 최우선 목표는 '학습'이 아니라 '학습할 수 있는 힘'을 기르는 데 맞춰야 한다는 것을 잊지 마세요.

03

코로나로 깨달은 내 아이의 부족한 학습력

2019년 12월에 시작된 코로나19 팬데믹은 우리 사회의 많은 부분을 바꿔놓았습니다. 특히 저학년 아이들의 경우에는 학교 생활에 미처 적응해보기도 전에 전례에 없던 재택 수업을 경험하게 되었지요. 학교뿐만 아니라 주요 학원들도 '줌Zoom' 등을 활용한 온라인 수업을 진행했고, 아이들과 선생님들, 그리고 부모님들까지 큰 혼란을 겪었습니다.

아마도 그중에서 가장 혼란스러웠던 것은 학부모님들이었을 것입니다. 하루 종일 집에 있는 아이들을 챙기는 것만도 버거울 텐데, 아이가 제대로 온라인 수업을 받을 수 있도록 조력하는 재택 선생님 역할까지 맡아야 했으니까요. 그런데 온라인 수업을 가정에서 지켜본 부모님들께서 충격을 받고 하시는 이야기들이 있습니다. 우리 아이가 학원에서 이렇게 수업을 받고 있었다고 생각하니 너무 돈이 아깝다는 것이지요.

코로나 상황에서 학습적인 면과 관련하여 특히 4~6학년 학부모님들이 가장 힘들어했습니다. 그중 5학년 아이의 부모님으로부터 상담 요청을 받았습니다. 아이는 부모님이 맞벌이를 하셨기에 그동안 꾸준히 학원을 다녔습니다. 줄곧 별다른 문제가 없었고, 학원에서도 레벨업을 하며 다녔기 때문에 부모님도 어느 정도가 기대가 컸다고 합니다.

그런데 재택 수업을 하는 모습을 보니 지금까지 학교와 학원에서 저렇게 공부해왔던 것인가에 대한 회의가 들었다고 합니다. 그동안 뭘 배운 건지 기본 자세도 갖춰지지 않은 경우가 많았습니다. 발표 · 토론 수업인데 참여도 거의 하지 않고, 선생님이 질문을 해도 바로바로 답변이 나오지 않는 것을 보았기 때문이죠. 선생님의 말씀을 알아듣고 있는 건지조차 헷갈리는 상황을 바로 옆에서 목격하게 된 것입니다.

그동안은 학원에서 아이가 알아서 잘 하고 있겠거니 생각했는데, 실제로 수업받는 모습을 보고 나니 처음으로 학원비가 아깝다는 생각이 들었다고 합니다. 그러면서 이 수업을 이대로 이어가는 게 맞는지에 대한 의구심으로 힘들어하고 계셨습니다.

이렇듯 초등학교 저학년 때 학습을 제대로 시켰던 것인가에 대한 후회가 시작되는 시점이 4~5학년부터입니다. 1~2학년까지는 국어, 수학 과목만 학습일 뿐 나머지는 통합 과목으로 운영되기 때문에 못하는 게 티가 나지 않습니다. 3학년이 되면 사회, 과학, 영어가 추가되어 아이의 학습 부담은 조금 늘어나지만, 이 역시 성취 기준이 쉬운 편이라 부족한 것이 크게 눈에 띄지는 않습니다. 그러다 4학년이 되어 잘하는 아이들이 두각을 나타내면서 내 아이 학습에 대한 고민이 생기기 시작하지요. 그리고 이런 고민은 온라인 수업으로 인해 다른 아이들의 학습 결과물을 비교하는 일이 가능해지면서 더욱 깊어졌습니다.

내 아이의 평가를 받아들이기 힘든 학부모

아이가 학교 수업을 잘 따라가고 있는 줄로만 알고 있었는데, 어느 날 아이가 '보통'과 '노력 요함'이 적힌 생활통지표를 내밉니다. 내가 아이를 잘 뒷받침한 것인가에 대한 의문과 함께 마치 자신의 평가인 것처럼 부끄러워집니다.

이 시점부터 아이의 학습 부진에 대한 대처는 극명하게 두 가지 길로 나뉩니다. 아이가 아직 어리긴 하지만 학습에 대한 미련을 버리고 새로운 진로를 찾는 길, 그리고 다른 하나는 아이의 부족한 부분을 메꾸어주는 길입니다. 물론 대다수의 학부모님은 두 번째 길을 선택하지요.

아이의 부족함을 채우기 위해 문제집, 학습지, 패드 학습, 보습학원, 그룹 과외 등이 마구 아이에게 투입됩니다. '매우 잘함'까지는 아니더라도 '잘함' 정도는 받아야 한다고 생각되기 때문입니다. 그래서 전 과목 '매우 잘함'을 받은 옆집 아이가 어떤 학습지를 하는지, 어떤 학원에 다니는지, 해당 학원에서 우리 아이에게 제공해줄 수 있는 자료와 로드맵을 찾기 위해 시간을 쏟게 됩니다.

그러나 문제는 옆집 아이가 어떤 아이인지, 어떻게 공부하는지가 아니라 '어떤 학습지를 하는지, 어떤 학원에 다니는지'에 맞춰져 있는 것입니다. 이러니 나의 아이에게는 맞지도 않는 학원에 보내느라 돈과 시간을 허비하게 되는 것이지요. 엄밀히 말하자면 부모님의 이러한 방식은 '노력 요함'을 받아들이기를 거부하고, 빠르고 쉽게 '잘함'으로 끌어올릴 수 있는 정보만을 찾는 것이라 볼 수 있습니다.

생활비가 돌고 돌아 '게임 시간'이 된다면

초등학교 6학년인 준영이의 부모님은 쪼들리는 생활비를 아끼고 아껴서 학원을 보냈습니다. 해당 학원을 보내는 것이 형편에 어려운 일이기는 했지만, 아이를 위해서 감수하고 희생해야 한다고 생각하며 버텼지요. 부모님은 '없는 형편에 이만큼 밀어줬으니, 아이가 이 정도는 해야지'라는 기대를 갖고 계셨습니다. 그러다 보니 준영이가 공부하는 모습이 늘 기대에 못 미쳤고, 자꾸만 아이와 갈등이 생긴다고 걱정하셨습니다.

이번에는 준영이와 이야기를 나눠보았습니다. 그런데 준영이는 부모님과는 정반대의 생각을 갖고 있었습니다.

"솔직히 저는 학원 다니기 싫어요. 학원 보내주니까 공부를 더 잘해야 한다는 이야기도 싫고요. 그렇게 말해봤자 혼만 나니까, 그냥 부모님을 위해서 참고 다녀요. 그러니까 학원 갔다 오면 부모님이 저에게도 자유 시간을 줘야 한다고 생각해요."

준영이가 생각하기에 희생하는 건 부모님이 아니라 자신이라는 것이지요. 부모님은 학원 보내주는 것에 대한 보상으로 '아들의 공부'를 원하고 계셨지만, 정작 준영이는 학원 다니는 것에 대한 보상으로 '자유 시간'을 원하고 있었습니다. 준영이가 말하는 자유 시간은 마음껏 게임할 시간을 말하는 거였지요. 부모님을 위해 참고 학원을 다녀왔으니, 이제 나를 위해 게임을 하겠다는 겁니다. 배운 내용에 대한 스스로의 점검과 복습 시간도 없이 그저 학원을 오가는 데 시간을 다 써버리고 돌아와서는 당당히 게임으로 마무리되어버린 안타까운 경우지요.

그런데 잠시만 생각해볼까요? 준영이의 사례처럼, 이렇게 열심히 아끼고 아낀 생활비가 결국 돌고 돌아 게임 시간으로 돌아온다면 너무 허무한 일 아닐까요?

04

학교에서 칭찬받는 아이 vs. 학원에서 칭찬받는 아이

10여 년 전, 5학년 담임을 맡았을 때 만났던 선우는 엄마의 큰 기대를 받고 있던 친구였습니다. 상담을 오셨던 선우 어머님은 아이가 학원 영재반에서 진행한 프레젠테이션에서 1등을 했다고 자랑스럽게 이야기를 꺼내셨습니다. 그러면서 강조하듯 이렇게 덧붙이셨지요.

"우리 선우가 학교에서는 인정받지 못해도, 학원에서는 1등을 놓쳐본 적이 없어요."

아이에 대한 자부심과 잘하는 아이를 둔 엄마로서의 여유가 그대로 느껴졌습니다.

마침 수업 중에 아이들에게 발표를 시켜볼 기회가 있어 선우에게도 발표를 요청했습니다. 그러자 선우는 학원에서 했던 프레젠테이션을 다시 한번 아이들 앞에서 진행했습니다. 그런데 저와 우리 반 친구들은 모두 말문이 막혔습니다. 잘해서 말을 잇지 못한 게 아니라 '도대체 저 아이가 10분 동안 뭘 하고 있는 거지?'에 대한 것이었습니다. 부모님이 만들어준 PPT를 화면에 띄워놓고, 선우는 대본에 쓰여 있는 내용을 읽느라 바빴습니다. 선우의 자신감 없는 목소리와 눈빛은 모두를 당황하게 만들었지요.

이후로도 선우는 엄마의 주장과는 달리 학교에서 주관하는 비교적 쉬운 영재학급 시험에서도 한 문제도 맞히지 못했습니다. 당시 영재학급 선발 위원이었던 저는 아이들의 시험지를 채점했었는데, 선우는 안타깝게도 기본적인 기준에 맞춰 분류해내는 것도 어려워했습니다. 도대체 선우는 학원에서 어떻게 1등을 하고, 상장까지 받아온 것일까요?

학교에서 칭찬받는 아이는 남다르다

학교에서 수업을 하다 보면 너무나도 예쁜 아이가 있습니다. 단순히 교사와 성향이 맞아서가 아니라 누구라도 예뻐할 수밖에 없게끔 행동하는 아이 말이지요. 사실 저는 이런 친구들에게는 의도적으로 칭찬을 적게 하기도 했습니다. 왜냐하면 늘 모든 선생님들께 칭찬받아왔을 것이 뻔한데, 너무나 많은 칭찬은 오히려 교우 관계를 망치는 독이 될 수 있기 때문입니다.

정말 예쁜 아이들이란 수업 시간이든 과제든 언제나 열심히 참여하고, 선생님과 친구들에게 예의 바르게 행동하며, 감사함을 알고 제대로 표현하는 아이들입니다. 방학이 가까워지면 선생님께 먼저 "방학 잘 보내세요"라고 인사할 줄도 알고, 학년이 끝날 무렵이면 감사 편지를 써서 들고 오기도 하지요. 안 그래도 예쁜 아이인데 예쁜 짓만 하니 칭찬을 하지 않을 수가 없습니다.

그런데 학원은 다릅니다. 학원에서 칭찬받는 친구들은 학습 성과만 가지고 칭찬받는 경우가 많습니다. 아이가 얼마나 노력을 했든 결과가 좋지 않다면 칭찬받기가 어렵습니다. 학교에서는 노력하는 과정 자체를 칭찬하지만 학원에서는 성과가 보이는 친구를 칭찬하지요.

앞서 이야기한 선우는 이런 경우와도 좀 다릅니다. 선우가 학원에서 칭찬을 받았던 것은 성과가 좋았기 때문이 아니라, 소위 말하는 '기가 센 엄마' 덕분이었습니다. 선우 어머님은 학원에 영재반 프레젠테이션 대회와 상장 시스템을 건의했고, 여기에서 선우가 돋보일 수 있도록 주 2회 수업을 주 5회로 늘리기도 했습니다. 이러한 상황에서는 어떤 학원 선생님이라도 칭찬할 수밖에 없었을 겁니다. 안 그러면 선우 어머님은 학원이 못 가르쳐서 그런 거라며 칼같이 끊고 다른 학원을 찾아 떠날 테니까요.

다른 친구의 사례도 있습니다. 6학년 석진이는 소위 말하는 '영재'에 가까운 아이였습니다. 학습 수준이 또래인 반 친구들보다 월등히 뛰어났지요. 그렇다 보니 석진이에게는 학교에서 하는 모든 수업이 시시했습니다. 자신은 이미 다 알고 있는 내용을 또 배우는 것이 지겹다고 생각했고, 당연히 수업 시간에 집중하지 못하고 옆에 있는 아이들을 건드렸지요.

석진이로 인해 수업 분위기가 자꾸 깨지다 보니 선생님은 선생님대로 화가 났고, 석진이의 부모님은 부모님대로 영재아를 가르치지 못하는 공교육에 불만이 커졌습니다. 아이의 선행학습을 인정해주고 특별한 교육을 요구하는 학부모님과 기본 예절과 수업 태도가 먼저여야 한다는 선생님의 갈등이 계속되었습니다.

결국 석진이의 어머님은 무인가 기숙학교를 선택했습니다. 아이들의 성적 향상을 최우선 목표로 두고, 아침부터 밤까지 기숙사에서 생활을 관리하며 공부시키는 곳이었습니다. 그러니까 사실 이름만 학교일 뿐, 엄밀히 말하자면 '학원'이었지요.

그곳에서는 대부분의 수업을 영어로 진행하며, 초등학생인 아이들에게 중·고등학교 진도까지 가르친다고 합니다. 또한 '프리미엄 교육'을 표방하는 곳이었기에 수업료와 기숙사비도 만만찮았습니다. 한 달에 들어가는 비용만 300만 원이 넘고, 방학마다 외국으로 체험학습을 한 달씩 가기 때문에 그 비용은 별도라고 했습니다. 석진이의 부모님은 학교 대신 그곳에 아이를 맡기고, 검정고시로 초등학교와 중학교를 졸업시키겠다고 했습니다.

하지만 문제가 있었습니다. 석진이의 부모님이 아무리 원한다 하더라도 그곳은 무인가 학교이기 때문에, 초등학교에서는 아이의 안전을 위해서 아이를 등교시키라는 독촉장을 기한마다 보내야 했습니다. 또한 아동의 초등학교 교육은 법적 의무이기에 의무교육관리위원회 협의를 진행해야 했습니다. 결국 회의가 소집되어 학부모님이 오셨습니다. 석진이 어머님은 벼르고 벼르신 듯 큰 소리로 말씀하셨지요.

"학교에서는 칭찬 한 번 못 받았던 우리 석진이가 학원에서는 얼마나 인정받고 있는지 아세요? 이러니까 다들 학교를 못 믿는 겁니다!"

석진이가 학교에서 잘 적응하도록 담임선생님과 노력했던 그 시간들이 비하되는 것 같아 얼마나 씁쓸하던지요. 그 후 몇 년이 지나 우연히 석진이의 소식을 듣게 되었습니다. 석진이 부모님은 결국 한국에서 아이를 교육시킬 수 없다고 판단해 유학을 보냈다고 했습니다. 대부분의 외국 학교에서는 아이들을 평가할 때, 학습만이 아니라 동아리 활동 등 다양한 교내·외 활동과 아이의 성장 스토리를 종합적으로 살피는데, 과연 그곳에서 석진이가 잘 해내고 있을지 걱정입니다.

학교 생활통지표의 원칙

요즘 학교에서는 학기 말 생활통지표를 적을 때 예전처럼 '수우미양가'를 사용하지 않습니다. 일제 강점기의 잔재이기도 하고, 학생을 성적과 등수로만 평가하는 방식이라는 점에서 2010년대 중반에 폐지되었습니다. 그 대신 요즘에는 선생님이 과목별로 종합 의견을 적습니다. 학생들을 일렬로 세워 '수우미양가'와 같은 글자 한 개, 혹은 숫자로 아이를 평가하는 대신, 아이의 성장 상태와 학습 수준이 어떠한지를 좀 더 세밀하게 기록하는 방식입니다.

예를 들어볼까요? 아래는 2학년 아이의 생활통지표에 기록된 내용입니다.

> 주어진 과제를 성실히 수행하고, 다른 사람에게 피해를 주는 행동을 하지 않으며, 바르고 고운 말을 사용함. 모든 활동에 적극적으로 참여하고 스스로 공부하는 태도가 형성되어 있음. 명랑 쾌활한 성격으로 친구들과 대체로 원만하며, 친구의 입장을 이해하고 배려하려는 마음이 돋보임. 학급에서 지켜야 할 여러 규칙을 잘 알고 이를 잘 지킴. 그리기와 만들기를 좋아하며 멋진 작품을 완성해냄.

교우 관계며 학습 태도가 매우 우수한 아이라는 것을 알 수 있습니다. 그런데 반면 통지표에 점수가 기록되어 있지 않으니 "그래서 우리 아이가 공부를 잘하고 있다는 건가요?" 하고 궁금해하는 분들도 계십니다.

학교에서 매 학기를 마무리하며 작성해 보내는 생활통지표에는 원칙이 있습니다. 아이가 지난 학기에 비해 학습, 인성, 교우 관계 면에서 얼마나 달라졌는지를 적되, 되도록 긍정적인 방향에 맞추어 적어야 한다는 것이지요. 아이 인생에 평생 남게 되는 생활통지표인데 "친구들과의 대화에서 상대방의 이야기를 듣지 않고 자기 이야기만 주장해서 교우 관계에 어려움이 많음"이라고 적을 수는 없기 때문입니다. 간혹 걱정스러운 소견을 직접적으로 적었다가 학부모님의 민원을 받았다는 선생님들도 주변에 꽤 많이 계시지요. 대부분 이런 내용은 상담에서 개인적으로 말씀드리고, 생활통지표에는 "자기 주장이 강한 편이나 상대방의 이야기를 존중하고자 노력하며 교우 관계가 많이 개선되고 있음" 정도로 완곡하게 표현합니다. 다시 말하면 나쁜 이야기는 거의 쓰지 않습니다. 아이의 발전 가능성을 다각도로 보고 긍정적인 평가를 하려고 하지요.

문제는 이런 기술 원칙 때문에 객관적인 평가를 받지 못한다고 생각하는 학부모님이 많다는 겁니다. 일제식 단원 평가도 지양하고 있다 보니 아이의 학습 수준이 어느 정도인지를 확인할 방법이 없다는 것이지요. 이렇게 지내다가 중학교에 가서 첫 성적표를 받고서 충격을 받는 학부모님이 많다는 것도 이해가 됩니다. 그래서 중학교에 가기 전에 학원에서 미리미리 평가를 받아봐야 한다는 분들이 많습니다. 그리고 학원에서 받는 칭찬은 좀 더 객관적이고 전문적인 평가처럼 여기지요.

그런데 여기서 학교와 학원은 칭찬의 포인트, 즉 평가의 기준이 다르다는 것을 생각해볼 필요가 있습니다. 다시 말하면 전인적인 교육을 진행하며 30명을 객관적으로 가르쳐온 선생님이 칭찬하는 아이와 학습 진행도와 학부모의 요구에 따라 칭찬받은 아이 중에 어떤 아이가 진정한 칭찬을 받은 것인지 말입니다.

05

현직 교사가 본 최상위권 아이들의 진짜 공통점

담임교사를 하다 보면 일 년에 한 번씩 보석 같은 아이를 교실에서 만나게 됩니다. 인성이면 인성, 학습이면 학습, 원만한 교우 관계까지 어느 것 하나 놓치지 않는 아이들이 있지요. 이런 친구들은 다음 학년으로 올라간 뒤에도 계속해서 칭찬이 들려옵니다. 어쩜 그렇게 학습 태도가 좋은지, 성격이 바르고 쾌활한지 등 선생님들 사이에서도 칭찬이 자자하지요. 대체로 이런 아이들은 중학교, 고등학교에 가서도 성적이 매우 우수한 경우가 많아 소식을 자주 접하게 됩니다. 저는 오랜 기간 담임교사를 하면서 이 아이들을 주목해서 보았습니다. 그리고 이런 아이들에게는 공통점이 있다는 것을 발견했습니다.

생활에 여유가 있는 아이들

학교 수업이 끝나기가 무섭게 교실 밖으로 뛰어나가는 아이들이 있습니다. 이어지는 학원 스케줄을 맞추느라 그러는 거지요. 교문 앞에서 대기하고 있는 학원 차량을 놓치면 안 되니 아이들에게는 몇 분의 여유 시간도 없습니다. 학원과 학원 사이 10분 동안 저녁을 해결해야 하는 아이들도 있습니다. 그러다 보니 늘 편의점 삼각김밥과 컵라면으로 대충 저녁을 때웁니다. 인스턴트 음식에 익숙해진 탓인지 아이의 성격도 급해집니다. 늘 시간에 쫓긴 채로 다음 수업을 기다리는 아이들은 '학습'을 얻으려 했겠지만 결국 '조급함'만 얻습니다.

그러나 최상위권 아이들은 다릅니다. 일단 이 아이들은 대체로 학원이나 학습 스케줄을 무리하게 짜지 않습니다. 학원 차량을 놓칠까 봐, 혹은 다음 학원에 늦을까 봐 전전긍긍하지 않아도 되니 언제나 여유 있게 움직입니다. 그러니 크게 짜증나거나 조급할 일도 없습니다. 무언가를 할 때는 잘하기 위해 악착같이 덤비지만, 끝나고 나면 언제 그랬냐는 듯 훌훌 털어버릴 줄 압니다. 생각만큼 잘 못했을 때도 마음에 상처로 담아두지 않고, 다음에 더 잘할 수 있는 기회를 노릴 뿐이지요.

여기서 학부모님들이 꼭 기억해두어야 할 부분은 '조급함'을 아이 마음에 심지 말아야 한다는 것입니다. 그러나 생각보다 많은 부모님이 자신들의 조급한 마음을 아이에게도 자꾸만 불어넣는 경우가 많습니다. 공부를 시키는 만큼 성과가 빨리 눈에 보이기를 바라고, 알게 모르게 그 마음을 아이에게도 자주 표현하게 됩니다. 심지어 아이가 조급함이나 경쟁심을 가져야 더 악착같이 열심히 할 것으로 생각하고 일부러 그러한 마음을 아이에게 갖도록 재촉하기도 합니다. 그러나 아이의 공부 인생은 단거리 달리기가 아니라 천천히 오래 달리기라는 것을 잊지 말아야 합니다. 눈앞의 사소한 평가에 조급함을 느끼며, 저 아이를 이겨야만 한다는 조바심을 가진 아이는 12년 초중고 마라톤에서 지쳐 떨어질 수밖에 없습니다.

필요할 때 취사선택해주는 부모님

최상위권 아이들 뒤에는 좋은 것을 다 해주려는 부모님보다는 필요한 것을 지원해주려는 부모님이 계십니다. 5학년 담임을 할 당시 저희 반에는 두 명의 똑똑한 아이가 있었습니다. 둘 다 두뇌도 명석하고 학습에 대한 의지도 높아서 단연 돋보이는 아이들이었죠. 그런데 이 두 아이의 10년 뒤 모습은 너무나도 달랐습니다.

서정이는 5학년 때 이미 열 군데도 넘는 학원을 다니고 있었습니다. 국영수사과 과목별 학원은 기본이고, 서예, 요리, 플루트, 발레까지 배우고 있었습니다. 아이는 늘 바빴고, 일상이 버거워 보였습니다. 결국 학업 성적도 떨어졌지요. 학부모 상담을 기회로 저는 서정이 어머님께 아이에게 취사선택하여 집중할 수 있는 시간을 주시기를 부탁드렸으나 어머님은 끝내 동의하시지 않았습니다. 10년쯤 지나 소식을 들어보니 아이는 본인의 능력보다도 훨씬 못한 대학교에 갔더라고요.

한편 당시 같은 반에는 찬희라는 아이가 있었습니다. 찬희는 학원보다는 엄마와 함께 체험학습을 주로 다녔고, 학교에서도 틈이 날 때마다 책을 꺼내 보는 등 독서량이 상당한 친구였습니다. 역시 학부모 상담 때 여쭤보니, 아이가 학원은 싫다고 하여 대신 아이의 견문을 넓혀주기 위해 최대한 견학과 여행을 다니고 있다고 하셨습니다. 그리고 학원비 대신 그 돈으로 책을 원하는 대로 실컷 사주고 있다고 하셨지요.

찬희는 사춘기가 와서 힘들어할 때쯤 어머님이 드럼을 시켜주셨습니다. 아이는 자신의 학업 스트레스를 드럼으로 풀더니 다른 아이들이 1년 걸려 배운 것을 한 달 만에 끝내버리더군요. 이후 찬희가 고등학교를 졸업할 무렵 어머님으로부터 전화가 걸려왔습니다. 목표로 하던 서울대학교에 합격했다는 소식이었습니다. 소식을 전하며 겸손하게 감사 인사를 전하는 찬희를 보며 더더욱 확신하게 되었습니다. 최상위권 아이들의 실력은 바로 자기 주도성과 끈기,

사고력, 인성 등으로 이루어진 공부 자존감에서 비롯된다는 사실을 말입니다.

사교육을 선택할 때는 단순히 학원비만 생각하면 안 됩니다. 그보다 더 아까운 것이 아이와 부모님의 시간, 그리고 열심히 하느라 쏟은 에너지이기 때문입니다. 아이에게 추가로 해줘서 안 좋은 교육이 어디 있겠습니까만, 아이의 소모되는 에너지를 늘 고려하여 어떤 선택이 더 효과적일지를 항상 비교 분석해야 합니다. 좋다는 사교육을 이것저것 많이 하는 게 아니라 쓸데없는 것을 '덜' 해야 합니다. 예를 들어 천문대 수업은 아이들에게 천체와 우주에 관심을 갖게 하는 좋은 체험학습이지만, 별을 관찰해야 하는 특성상 야간에 진행됩니다. 천문대 수업을 다녀온 아이들은 다음 날 학교에서 졸고 있는 경우가 많지요. 그런 건 한두 번의 경험으로 충분합니다. 그래야 꼭 필요한 공부에 집중할 수 있는 시간과 에너지를 확보할 수 있습니다. 이렇게 선택과 집중을 연습하는 것이 아이를 최상위권으로 키워내는 지름길입니다.

감정에 휘둘리지 않는 아이들

이제 최상위권 아이들의 공통점 중 가장 중요한 것을 이야기할 차례입니다. 최상위권의 아이들은 크게 노여움을 타거나 감정에 쉽게 휩쓸리지 않습니다. 왜냐하면 칭찬받는 데 목말라하지 않기 때문입니다. 공부를 곧잘 해서 시험을 보면 백 점 맞으며 칭찬받던 아이들 중에 실제로 선생님과 부모님의 눈을 속여가며 답을 지우거나 선생님이 잘못 채점했다며 자신을 속이는 친구들이 꽤 있습니다. 성장할 수 있는 기회가 점점 줄어드는 아이들이지요.

그러나 최상위권 아이들은 자신의 실수조차 배우는 기회라 여기기 때문에 더욱 성장할 수 있습니다. 당연히 교사로서도 이런 인성을 가진 아이들을 더 챙기고 가르쳐주고 싶어지지요. 그리고 그 뒤에는 늘 교사의 진심 어린 조언을 감정적으로 받아들이지 않고 있는 그대로 받아들여주는 최상위권 부모님들이 계신 경우가 많습니다.

물론 최상위권 아이들은 무조건 인성이 좋고, 그렇지 못한 아이들은 인성이 나쁘다는 이야기는 아닙니다. 당연히 그렇지는 않지요. 중요한 것은 공부가 힘들어도 끝까지 도전해보는 자세, 성적이 떨어졌다고 해서 감정적으로 흔들리는 대신 다음번을 기약하며 다시 노력하려는 마음가짐 등이 인성에서 비롯된다는 것이지요. 그래서 성적은 다소 떨어지더라도 배움에 대한 의지와 욕구가 높고 성실한 아이들은 시간이 지날수록 학습 효과가 높아지는 것을 종종 보게 됩니다.

초등학교 3학년 지우는 성적 면에서는 크게 두각을 나타내지 못했던 아이였습니다. 그러나 지우의 가장 큰 장점은 수업 시간의 집중력이 매우 높다는 것이었습니다. 초롱초롱한 눈빛은 늘 선생님을 향해 있었고, 수업 중 이루어지는 활동에는 적극적으로 참여하려고 노력했지요. 쉬는 시간에는 친구들과 왁자지껄하게 놀고, 또 수업 시간에는 놀라운 집중력을 보여주는 그 아이는 정말로 배움의 즐거움을 알아가고 있는 듯했습니다.

그랬던 지우는 고학년으로 올라갈수록 성적이 점차 향상되었습니다. 3학년 때만 해도 보통 수준이었지만, 5학년이 되었을 때는 전교에서 손에 꼽을 만큼 공부를 잘하는 아이가 되어 있었지요. 어떻게 가능한 것일까요? 초등학생 시절은 아이들이 몸도, 머리도 성장하는 시기이기 때문입니다. 지우의 사례를 통해서도 알 수 있듯이 인성과 학습 태도가 좋은 아이는 시간이 지날수록 배움의 즐거움을 찾아가며 발전하는 경우가 많습니다.

06

부모님의 확고한 교육철학이 필요한 이유

저희 반에는 초등학교 5학년인데도 모든 과목을 엄마표 학습으로 진행하는 수일이가 있었습니다. 엄마표 학습은 1~2학년에 주도하여 시켰더라도 3학년 즈음부터는 서서히 아이 주도 학습으로 주체가 바뀌어야 하는데 그렇지 못하고 있었지요.

가정에서 진행하는 온라인 수업에서는 학습 성과도 좋고 과제도 훌륭하게 해냈지만, 막상 등교했을 때는 마치 다른 아이인 것처럼 결과물이 달랐습니다. 완벽했던 배움노트는 사실 부모님께서 작성해주신 것이었음을 알게 되었지요. 아이가 스스로 배움을 정리하는 일을 어려워하고 있다는 것을 몰랐습니다. 과제물에서는 아이가 충분히 알고 있는 것으로 확인되었기 때문이죠. 결국 아이의 온전한 상태를 제가 확인하는 데에 오랜 시간이 걸리게 된 셈이었습니다.

아이를 제대로 지도하기 위해서는 현재 상태를 정확히 파악하는 것부터 시작해야 하는데, 아이가 해야 할 모든 일을 부모가 대신하다 보니 아이의 현재 상태에 맞춰 지도하기가 어려워집니다. 초등학교 저학년 때는 똑똑하고 상장도 곧잘 받았던 아이가 점점 잊히는 경우가 이런 경우입니다. 다시 말하지만 엄마표로 주도할 시점은 초등학교 1, 2학년까지입니다. 3학년부터는 조금씩 아이에게 학습의 주도권을 넘겨주기 시작하고, 5학년부터는 아이 주도 학습, 즉 자기 주도 학습이 될 수 있도록 이끌겠다는 부모님의 확고한 교육철학이 필요합니다.

지치지 않고 딱 할 수 있는 만큼만!

10년 전만 하더라도 교실에서 사전에 엄마표 학습을 하고 온 친구들이 많지 않았습니다. 엄마표 학습은 대부분 '잠수네' 또는 '노부영'을 통해 영어 교육을 하는 정도였지요. 그러나 지금은 엄마표로 입학 전부터 초등학교 저학년 교육과정에 있는 대부분의 내용을 훑고 오는 경우도 많습니다. 수학 놀이, 과학 실험, 우리나라 역사 및 지도 학습, 국어 논술까지 다양한 학습을 경험하고 오는 친구들이 많아졌지요.

엄마표 학습을 진행했던 학부모님과 상담해보면, 아이를 집에서 가르치면서 여러 감정이 오고 간다고 말씀합니다. 지금 하고 있는 엄마표 학습을 내가 제대로 하고 있는 건지도 모르겠고, 더 비싸고 좋은 교육기관에 보내주지 못해 미안한 마음도 든다고 합니다. 그리고 무엇보다 엄마 자신이 너무 힘들다는 거지요. 하루 종일 집안일에, 아이들 먹이고 씻기고 재우기도 힘든데 학습까지 봐주어야 하니 몸이 지쳐갑니다. 아이가 척척 해주면 좋으련만 아이는 그저 놀고만 싶어 하고 학습은 계속 미뤄집니다.

엄마표 학습을 진행할 때는 절대로 욕심을 부리면 안 됩니다. 아이랑 사이만 나빠질 뿐입니다. 하나라도 더 시키려고 애쓰다가 아이에게 짜증 낼 것 같으면 차라리 한 번 더 안아주는 부모가 되는 것이 낫습니다. 부모가 '잘 가르치는 것'보다 더 중요한 것은 아이가 '잘 받아들이는 것'입니다. 부모님이 완벽하게 학습 계획표를 짜서 많은 것을 가르치고 싶어 하면 할수록 아이의 학습은 또래보다 늦어지는 경우를 현장에서 많이 봤습니다.

흔들리지 말고 형편에 맞춰 하자

아이를 키우다 보면 부모는 늘 죄책감이 듭니다. 더 잘해주고 싶고 더 많은 것을 주고 싶다는 마음은 모두 같지요. 그렇다 보니 자꾸만 더 해주려 합니다. 우리 집 형편에 맞지도 않게 말이지요. 아이가 "나도 저거 하고 싶어"라고 말하기도 전에 이미 아이에게 무리해서 투입을 하는 것이지요. 그러니 조급해집니다. 없는 돈에 보내놨으니 더 잘해오기를 바라게 되지요. 누가 해달라고 요청한 적도 없는데 말입니다.

아직 비교를 모르는 초등학교 저학년까지 부모님의 교육철학 수립은 너무나도 중요합니다. 아이를 어떤 아이로 성장시키고 싶은지, 그것을 위해서 어떤 교육을 제공할 것인지, 부모는 어떻게 뒷받침할 수 있는지를 수립해야 흔들리지 않을 수 있습니다. 안 되는 형편에 영어유치원과 원어민 회화, 방학마다 단기 해외 캠프까지 보내줬는데 5학년이 되어 아이가 "나도 친구들처럼 1년 캐나다 어학연수 보내주세요"라고 말하면 어떻게 할까요? 그것까지는 우리 집 형편이 안 되어 못 보내준다고 하면 아이도 부모님도 너무 속상해지잖아요. 그 이야기가 나오기 전에 우리 집 형편에 맞춰 '우리 아이 교육은 고3까지 이렇게 진행하겠다'라는 계획이 먼저 있어야 합니다. 그래야 흔들리지 않을 수 있습니다.

'아이 주도 학습'으로의 기반 다지기

초등학교 저학년 때의 학습은 영·유아기 학습과 달라야 합니다. 이 시기에는 학원보다는 가정에서 더 많이 배워야 할 때입니다. 그래서 그 시작이 경제적 형편으로 시작했거나 내 아이는 내가 가르치겠다는 자신감에서 시작했더라도 3학년이 되면서 조금씩 아이 주도 학습이 될 수 있도록 넘겨주는 기반을 다지겠다고 계획을 세워야 합니다. 이 시기에는 부모 주도 학습이지만 아이와 함께 공부 계획을 조금씩 세우고 부모의 사랑과 지지를 받으며 함께 시간을 보내야 하는 것입니다.

매일 두 시간씩 해야 한다는 압박감은 벗어버리세요. 하루 10분이라도 바르게 앉고, 읽고, 쓰는 습관을 길러주세요. 그리고 가능하면 그 10분을 조금씩 늘려서 3학년이 되기 전에는 40분간 혼자 앉아 학습할 수 있을 정도의 '엉덩이 힘'을 길러주세요. 부모님 두 분의 의견이 다른 모습을 아이 앞에서 보여 혼란을 주지 않도록 의견을 사전 조율하는 것도 잊지 마시고요.

지금까지 만나본 학부모님들 중에 아이 교육에 성공하셨던 분들은 하나같이 이렇게 말합니다.

"저는 한 거 없어요. 지켜만 보았지요."

이들의 공통점은 아이에게 문제집을 풀게 하는 데 온 힘을 쏟은 것이 아니라, 아이가 사고하는 힘을 키우며 자기 주도적으로 계획을 가지고 학습할 수 있도록 이끌어주었다는 것입니다. 시간이 지날수록 잘하는 아이로 키우고 싶으시다면 확실한 부모의 교육철학이 반드시 필요합니다.

1. 아이가 초등 고학년이 되기 전에 부모님의 교육철학을 확실하게 수립하세요.
2. 학원에서의 평가보다는 학교에서의 평가에 더 귀를 기울이세요.
3. 주변 학부모의 교육 방식을 그대로 따르지 말고, 내 아이에게 맞는 방법인지 신중하게 따져보세요.
4. 아이의 마음속에 '조급함'을 심어주지 마세요. 공부 인생은 단거리달리기가 아닌 오래달리기입니다.

교육비와 가정 경제 균형 맞추기

"아이 교육비 한 달에 얼마나 쓰세요?"

학부모 세대가 모인 온라인 커뮤니티에서 종종 등장하는 질문입니다. 우리 아이가 다른 아이보다 덜 배우고 있는 것은 아닐까, 사교육이 부족해서 뒤처지면 어떡하나 하는 불안감이 '다른 집 교육비'에 대한 궁금증으로 나타나는 것이지요.

그런데 다른 집이 한 달에 교육비로 얼마를 쓰는지 알게 되면 불안감이 사라지거나 해답이 보일까요? 초3 아이의 적정 교육비나 월 수입 500만 원인 집의 합리적인 교육비 비중 같은 것이 있을까요? 물론 그럴 리가 없지요. 가장 중요한 것은 내 아이의 성향과 학습 수준에 맞는 교육 방법을 선택하는 것, 그리고 현재 우리 집의 경제 상황과 미래 설계에 맞춰 합리적인 교육비 비중을 정하는 것이겠지요.

한국노총이 공개한 〈2021년 가구 규모별 표준생계비〉를 보면 초등학생 자녀 두 명(11세, 8세)을 둔 4인 가구의 표준생계비는 609만 8,339원으로 산출되었다고 합니다. 그중에서 식료품비와 주거비 다음으로 높은 지출 비중을 차지하는 항목은 바로 교육비였는데요. 초등학생 자녀 두 명에게 들어가는 교육비가 평균 68만 6,916원으로, 전체 생활비의 11.3퍼센트를 차지하고 있었습니다.

그러나 이것은 어디까지나 '평균'일 뿐, 실제로 교육비는 가정 형편에 따라 다르게 책정되어야 합니다. 예를 들어 월 수입이 1천만 원인 집과 500만 원인 집에서 쓸 수 있는 교육비는 다를 수밖에 없지요. 또한 아이가 하나인 집과 둘, 혹은 셋인 집의 교육비도 다를 수밖에 없고요. 게다가 아이가 높은 학년에 올라갈수록 사교육비도 늘어나기 마련이고, 그러는 동안 대학 입학에 대한 경제적 준비, 부모님 자신들의 노후 준비도 필요합니다. 교육 철학뿐만 아니라 경제적 철학까지도 반드시 세워두어야 하는 이유지요.

아이의 대입까지의 교육비 지출 계획을 세워보지 않고 좋다는 것을 무작정 하나씩 추가하기 시작하면, 초등학교 저학년 아이에게 월 100만 원을 훌쩍 넘겨 쓰는 경우도 흔히 생깁니다. 외동이라면 걱정이 덜하겠지만 그 밑에 동생이 있는 경우, 실제로 첫째에게 들어가는 교육비 때문에 둘째, 셋째 아이에게는 전혀 지원해주지 못하는 경우도 있기 때문이지요.

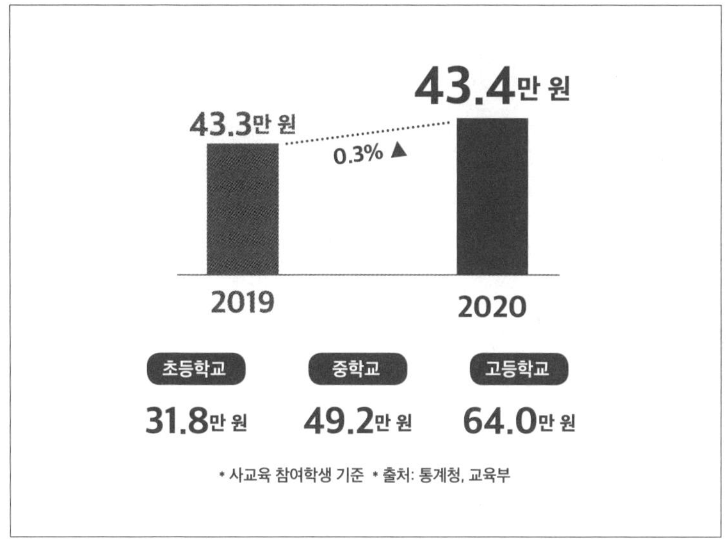

따라서 가장 먼저 해야 할 것은 우리 집 소득 수준에 맞추어 교육비 지출 비중을 세우는 것입니다. 무리하지 않는 선에서 아이에게 투자할 수 있는 교육비 상한선을 세워보는 것이지요. 그리고 아이가 둘 이상인 경우, 교육비 상한선 내에서 다시 아이별로 균형을 맞춰야 합니다.

사실 제일 줄이기 쉬우면서도 가장 줄이기 싫은 게 교육비라는 건 우리만 아는 비밀이죠. 이 비밀을 알고 있는 우리 엄마들이 해답을 제시해야 합니다. 그렇지 않으면 다른 가족들은 엄마만 믿고 따라오다가 어느 순간 "그동안 뭐 했어요? 왜 우리 집은 모아놓은 게 없어요?"라는 말을 하게 될 것이기 때문이죠.

아이가 크면
학원비 벌러 나가야겠어요

Q.

초등학교 5학년, 2학년 남매를 둔 엄마입니다. 학원을 남들보다 적게 보내고 있다고 생각해왔는데, 이제 두 아이 학원비가 한 달에 100만 원에 이릅니다. 현재까지는 빠듯하긴 하지만 유지할 수는 있는 수준인데요. 이런 상황에 첫째 아이 학원 하나를 더 보내고 싶어 고민이 시작되었습니다. 아이를 낳고 나서는 일을 그만두었는데, 앞으로 늘어날 학원비를 생각하니 다시 일을 시작해야 할까 싶어요.

A.

그동안 아이들 키우느라 정말 수고 많으셨어요. 아이들이 이제 어느 정도 스스로 자신의 일을 할 정도로 잘 큰 것도 축하드리고요. 그런데 혹시라도 다시 일을 할까 고민하시는 이유가 순전히 학원비 때문이라면 잠시만 더 기다려달라 말씀드리고 싶습니다.

엄마가 일을 시작하게 되면 아무래도 아이들의 생활 패턴에도 변화가 생기게 됩니다. 아이가 저학년이든 고학년이든 생활 패턴의 변화는 아이에게 혼란으로 다가올 수 있지요. 또한 초등학교 저학년까지는 부모님이든 조부모님이든 돌발 상황이 벌어졌을 때 곧바로 도움을 줄 수 있는 분이 필요합니다. 아이가 갑자기 아플 수도 있고, 코로나19 같은 법정 전염병으로 등교가 중지되는 경우도 있기 때문이지요. 또한 아이의 정서상으로 늘 있던 엄마가 없게 되면 사춘기가 오기도 전에 아이와의 유대관계가 약해질 수도 있습니다.

물론 줄곧 워킹맘이었어서 조부모님이나 다른 조력자가 양육을 돕고 있던 경우라면 오히려 혼돈이 적습니다. 혹은 아이가 고학년이고, 생활계획표와 학습 스케줄에 따라 움직이는 것에 익숙해져 있는 상황이라면 괜찮을 수 있지요. 그러나 그런 경우가 아닌데 일을 시작하려 한다면 그 시점을 정하는 것이 무척 중요합니다. 자칫하다가는 일하는 내내 아이의 전화를 받게 되거나 결국 중간에 일을 그만두는 무책임한 사람을 되어버릴 수 있거든요. 그리고 이런 경험은 경력 단절이라는 어마어마한 장벽을 깨고자 했던 엄마의 자존감에도 큰 상처가 될 수 있습니다.

무엇보다도 가장 중요한 것은 일을 다시 시작하려는 목적을 분명히 하는 것입니다. 무엇을 위해 일을 하는 것일까요? 나의 자아실현을 위해서 새로운 도전을 하거나 노후를 위한 제2의 파이프라인을 만드는 것이라면 적극 찬성입니다. 그러나 단순히 학원비를 벌기 위해서라면 다시 한번 생각해보시기를 권합니다. 오히려 아이는 부담만 더 느끼고, 남편은 부족한 월급에 대한 미안함만 커질 수 있으니까요. 우리의 능력을 학원비로 국한시키지 않았으면 합니다. 우리는 더 큰 일을 할 수 있는 엄마니까요.

Chapter 2

스스로 공부하는 아이는 초등 저학년 때 완성된다

01

초등 성적을 좌우하는 입학 전 기본 소양

초등학교는 보육이 위주가 아닌 교육기관입니다. 그렇다 보니 교육에 초점이 맞춰져 있지요. 초등학교 입학을 기점으로 유아에서 어린이로, 부모에서 학부모로 역할이 정해집니다. 이에 따라 학부모는 아이가 학교에 잘 적응할 수 있도록 전폭적인 지지를 하게 되지요. 그러나 부모님들께 꼭 말씀드리고 싶은 사항은 초등학교 입학 전에 길러주셨으면 하는 몇 가지 기본 소양입니다. 이것들이 준비되지 않으면 아이들은 초등학교 입학부터 삐그덕거리며 학교생활 적응에 어려움을 느끼게 됩니다. 특히 초등학교에서는 학교생활에 적응을 잘하는 친구들이 대체로 성적도 좋은 경우가 많다는 것을 꼭 기억해두시기 바랍니다.

그렇다면 초등학교 입학 전 필요한 기본 소양은 무엇일까요? 이제부터 크게 세 가지 측면에서 살펴보고자 합니다. 첫 번째는 학업 습관, 두 번째는 생활 습관, 마지막은 인성 습관입니다.

초등 성적을 좌우하는 기본 소양 1 - 학업 습관

1990년대 후반부터 2000년대 후반까지는 초등학교 1학년 과정에서 한글 지도가 거의 제외되어 있었습니다. 대부분의 아이들이 유치원을 비롯해 입학 전에 기본적인 한글 교육을 받고 오다 보니, 1학년 아이들은 한글을 다 안다고 전제했던 것이지요.

그러나 유아기에는 모국어의 철자 교육을 진행하는 것이 발달 과정상 적합하지 않다는 연구 결과 등에 따라 2015년부터는 초등학교 1학년 때 한글 교육을 진행하도록 교육과정이 대폭 개정되었습니다. 초등 1학년의 연간 한글 교육 시간도 1997년에는 불과 6시간에 불과했지만, 2015년부터는 68시간으로 크게 늘어났지요. 또한 수업을 진행할 때도 아이들이 한글 조기 교육을 받지 않았다는 것을 전제로 하여 가르치도록 권장하고 있습니다. 이런 이유로 1학년 1학기에는 무리한 받아쓰기나 알림장 쓰기, 일기 쓰기 등을 진행하지 않는 곳이 많습니다.

입학 전 한글 교육에 대해서는 의견이 분분하지만, 저는 가급적 7세 하반기에는 한글을 익히고 올 것을 추천합니다. 왜냐하면 국어 교과에서는 쓰기가 진행되지 않는다 하더라도 다른 모든 교과에서 쓰기 활동이 이루어지기 때문입니다. 실제로 수행평가의 대부분이 주제에 맞게 자신의 의견이나 감상을 글로 쓰기, 혹은 말로 표현하기 방식으로 진행되곤 합니다. 따라서 입학 전 기본 소양으로 한글 교육과 독서 교육은 무척 중요합니다.

국어 교과에서 1, 2학년에 꼭 이수해야 하는 성취 기준은 다음과 같습니다.

1·2학년 때 꼭 필요한 국어 성취 기준

영역	성취 기준
듣기·말하기	• 말하는 이와 말의 내용에 집중하며 듣는다. • 일이 일어난 순서를 고려하며 듣고 말한다.
읽기	• 글자, 낱말, 문장을 소리 내어 읽는다.
쓰기	• 글자를 바르게 쓴다.
문법	• 한글 자모의 이름과 소릿값을 알고 정확하게 발음하고 쓴다.

그 밖에도 다양한 국어 성취 기준이 있지만, 앞서 표에 제시해둔 다섯 가지만 입학 전에 연습시켜도 학교 수업에서의 적응이 훨씬 수월해집니다. 즉, 집중하며 듣고 말하기, 소리 내어 읽기, 글자 바르게 쓰기, 그리고 정확하게 한글을 발음하고 쓰는 것이 가장 중요합니다.

다음으로 수학의 경우를 살펴볼까요.

1·2학년 때 꼭 필요한 수학 성취 기준

영역	성취 기준
수와 연산	• 0부터 100까지의 수 개념을 이해하고, 수를 세고 읽고 쓸 수 있다. • 하나의 수를 두 수로 분해하고 두 수를 하나의 수로 합성하는 활동을 통하여 수 감각을 기른다.
도형	• 교실 및 생활 주변에서 여러 가지 물건을 관찰하여 직육면체, 원기둥, 구의 모양을 찾고, 그것들을 이용하여 여러 가지 모양을 만들 수 있다.
측정	• 1시간은 60분임을 알고, 시간을 '시간', '분'으로 표현할 수 있다.

수학 역시 성취 기준은 많지만 실제로 1학년은 0부터 100까지 수 개념을 이해하여 가르기를 할 줄 알고, 비슷한 도형을 찾을 줄 알면 됩니다. 다시 말하면 수 개념을 알고, 크기를 비교할 줄 알면

되는 것이지요.

시간의 경우는 1학년 2학기에 배우기는 하지만, 교실에 걸려 있는 시계가 대부분 시침과 분침이 있는 아날로그시계이기 때문에 입학 전에 시계 보는 법을 익히고 오면 교실에서의 생활 규칙을 이해하기가 훨씬 쉬워집니다. 그렇다고 시계 보는 법을 학습지 등을 통해 완벽하게 배워와야 한다는 뜻은 아닙니다. 아이와 함께 아날로그시계를 보며 수업 시작 시간, 쉬는 시간, 점심시간을 구별하고 지킬 수 있도록 지도해주시는 정도면 충분합니다.

그 밖에 1, 2학년 때에는 '봄', '여름', '가을', '겨울', '안전한 생활' 등의 통합교과를 배우게 됩니다. 과거의 '슬기로운 생활', '바른 생활', '즐거운 생활'이 종합적으로 개편된 교과목이지요. 이들 통합교과의 성취 기준으로는 다양하고 창의적으로 표현하기, 특징을 파악하고 비교하고 무리 짓기 등이 있습니다. 성취 기준을 보면 짐작하시겠지만, 통합교과의 경우 선행학습이 그다지 필요 없다는 것이 느껴지시지요? 오히려 선행을 하면 독이 되는 성취 기준이 많습니다. 아이들이 수업에 재미나게 참여하지 않게 되기 때문입니다. 너무나도 쉬운 학습 내용을 선행해버렸으니 수업 시간이 지루해질 수밖에 없는 것이지요.

이처럼 1, 2학년 때에는 학습 내용에 대한 선행보다는 생활 습관과 학습 습관을 잘 만드는 것이 더욱 중요합니다. 그리고 실제로 좋은 학습 습관이 좋은 성적을 내는 기본 바탕이 됩니다.

Do 1, 2, 3!

1. 바른 자세로 학습하는 것을 지도해주세요.
2. 연필을 바르게 잡고 글씨를 쓰도록 해주세요.
3. 하루 3권 책 읽을 시간을 확보해주세요.
4. 틀리면 지우개로 지우고, 지우개 가루도 깨끗이 정리하도록 가르쳐주세요.
5. 알림장과 주간 학습 안내를 보고 스스로 학습에 필요한 교과서와 필기도구, 준비물 등을 챙길 수 있도록 지도해주세요.

초등 성적을 좌우하는 기본 소양 2 - 생활 습관

초등학교 저학년 시기에 반드시 완성해야 하는 생활 습관은 학교생활뿐만 아니라 아이의 인생에서 가장 중요한 부분이기도 합니다. 실제로 저학년 때 생활 습관을 잘 형성한 친구들은 선생님과 부모님의 칭찬을 바탕으로 자신감을 키워나가며, 이것이 이후 공부 자존감으로도 연결되곤 합니다. 질서를 지키지 않고 친구를 밀쳐내는 경우 선생님의 훈계를 피할 수 없지요. 이처럼 생활 습관을 자주

지적받다 보면, 아이는 스스로 문제아라는 인식을 갖게 되며 학교 생활에 더욱 어려움을 겪을 수밖에 없습니다.

학교는 학습뿐만 아니라 기본적인 예절과 생활 태도를 가르치는 곳입니다. 특히 학교라는 사회생활을 처음으로 시작하게 되는 저학년 아이들에게는 생활 습관 교육을 가장 중요하게 가르치게 됩니다. 저학년의 성취 기준 중에서 반드시 익혀야 하는 내용은 다음과 같습니다.

1·2학년 때 꼭 필요한 생활 습관

영역	성취 기준
학교	• 학교생활에 필요한 규칙과 약속을 정해서 지킨다. • 친구와 친해질 수 있는 놀이를 한다.
마을	• 공공장소의 올바른 이용과 시설물을 바르게 사용하는 습관을 기른다.

부모님이 보시기에는 당연한 것들이지요? 그런데 실제로 저학년 교실에서는 이 당연한 것을 습관화하지 못해서 어려움을 겪는 친구들이 생각보다 많습니다. 특히 저학년 때는 규칙과 질서 지키기, 친구들과 사이좋게 놀기, 학교 물건 소중히 사용하기를 잘 익혀야 합니다. 제가 1학년 담임을 할 때 가장 예뻤던 아이는 공부를 잘

하는 아이가 아니라 '인사 잘하는 아이', '스스로 제시간에 과제 해내는 아이', '쉬는 시간에는 놀고 공부 시간에는 집중하는 아이', '급식 시간에 밥 잘 먹는 아이', '정리정돈 잘하는 아이'였습니다.

아울러 안전과 관련된 생활 습관도 반드시 익혀야 합니다. 가령 시설물을 질서를 지켜 안전하게 이용하기, 자전거 및 횡단보도, 자동차 등과 관련된 안전 수칙 지키기 등이 있습니다. 여기까지 읽다 보면 '우리 아이가 이런 기본적인 것도 모를까?' 싶은 부모님도 계시겠지요? 그런데 초등학교 1학년 때 가장 많이 다툼이 벌어지는 문제가 바로 이런 것입니다.

"선생님, 저는 약속대로 그네를 열 번 왔다 갔다 하고 내렸는데 ○○이는 열 번 넘어도 안 내려요!"

"△△이가 미끄럼틀에 자꾸 모래를 뿌려요!"

"□□이가 정수기에 더럽게 입을 대고 마셔요!"

생활 습관이 잡혀야 교우 관계가 원만해지고 학교생활이 즐거워집니다. 아울러 다른 친구 몸에 손대지 않기가 강조되어야 합니다. 그저 재미를 위해서 생활 습관을 어겨가며 놀았던 친구들은 후에 학교폭력으로까지 이어질 수 있으니 꼭 사전에 바른 생활 습관을 가질 수 있도록 지도해주세요.

Do 1, 2, 3!

1. 웃으며 큰 소리로 인사하도록 지도해주세요.
2. 일찍 자고 일찍 일어나는 습관을 들여 수업 시간에 졸리지 않도록 해주세요.
3. 아침밥은 먹여서 보내주세요. 안 그러면 2교시부터는 배고파서 집중을 못 한답니다.
4. 용변 처리 및 양치질, 정리정돈을 할 수 있도록 가르쳐주세요.
5. 식사 시간에는 자리에 앉아서 바른 젓가락질로 스스로 먹을 수 있도록 지도해주세요.

초등 성적을 좌우하는 기본 소양 3 - 인성 습관

'인성이 실력이다'라는 말을 절감하는 요즘입니다. 사회적으로 승승장구하다가도 학교폭력 관련 미투 운동으로 한순간에 나락으로 떨어지는 사람들이 많습니다. 철없던 어린 시절의 일이라며 선처를 구해도 대중의 시선은 싸늘하기만 합니다. 저 역시 아이들을 지도할 때 가장 강조하는 것이 "인성이 곧 실력이며, 인성이 바로 너희들의 미래다"라는 것입니다. 그 이유는 인성 습관 때문에 학창 시절 교우 관계 및 학업 성적까지도 나쁜 결과를 초래하는 것을 많이 경험했기 때문입니다. 초등학교 저학년 때 제시되는 인성 관련 성취 기준 중 가장 중요한 내용은 다음과 같습니다.

1·2학년 때 꼭 필요한 인성 습관

영역	성취 기준
가족	• 가족 및 친척 간에 지켜야 할 예절을 실천한다. • 가족 구성원이 하는 역할을 고려하여 고마운 마음을 작품으로 표현한다.
학교	• 여러 친구의 다양한 특성을 이해하고 친구와 잘 지내는 방법을 알아본다.
가을	• 추수하는 사람들의 수고에 감사하는 태도를 기른다.
겨울	• 상대방을 배려하며 서로 돕고 나누는 생활을 한다.

해마다 입학식을 지켜보다 보면, 첫 만남부터 기억에 남는 아이들이 있습니다. 함께 온 부모님과 애착 관계가 잘 형성된 느낌의 아이들입니다. 이 친구들은 부모님께 지켜야 하는 예절을 배운 대로 학교에서 선생님께도 예의 바르게 행동합니다. 마찬가지로 친구들에게도 예절을 지키지요. 고마운 일에는 고맙다고, 미안한 일에는

미안하다고 표현할 줄 아니 누구와도 관계가 좋습니다. 아이는 나로 시작해 가족, 학교, 이웃, 나라로 사고의 범위를 넓혀갑니다. 따라서 처음 자신과 관계 맺은 가족 안에서 삐거덕거리면 그대로 학교 교실에서도 비슷한 양상이 드러나지요.

저는 대학원에서 상담심리를 전공했습니다. 그래서 더욱 다양한 친구들을 접하게 되었지요. 그중에 안타까운 1학년 친구가 있었습니다. 지훈이는 엄마와의 관계가 너무나도 안 좋은 친구였습니다. 초임 교사인 담임선생님 역시 지훈이의 문제로 너무나 힘들어하셔서 제가 아이와 상담을 나누게 되었습니다. 마침 그 무렵 1학년인 지훈이가 4학년인 저희 반 아이에게 모래를 뿌리고 욕을 했던 사건도 있었지요.

대부분의 아이들은 선생님이 이야기를 하자고 부르면, 기본적으로 무서워하는 마음을 살짝 가지게 됩니다. 특히 자신이 잘못한 일이 있을 때는 더욱 그렇지요. 그런데 교무실로 온 지훈이는 눈빛에 무서움보다 반항심이 가득했습니다. 무슨 말을 해도 '그래서 어쩌라고!'의 눈빛이었습니다. 지훈이를 부른 이유가 무엇인지 설명하고 잘못된 행동을 가르쳐주려는데, 아이는 불쑥 이런 말을 내뱉었습니다.

"그냥 경찰 아저씨한테 보내세요. 나 같은 건 죽어버리면 그만인걸요. 선생님도 어차피 나 싫어하잖아요."

알고 보니 지훈이의 엄마가 훈육을 위해 이미 협박이란 협박은

다 해본 상태였습니다. 아이가 말을 안 듣는다며 경찰서에도 데려가보고, 112에도 신고하고, 아이를 때리기도 하고 달래기도 하고 소리 지르기도 하며 아이는 모든 당근과 채찍을 경험한 상태였습니다. 그러니 학교에서 선생님의 훈계와 달램은 윽박과 협박을 하는 엄마에 비해서 너무나도 약한 것이었습니다. 그러나 어머니 말씀은 학교에서는 안 그럴 줄 알았다는 것입니다. 선생님은 무서워할 줄 알았다는 것이지요. 하지만 인간관계에서 제대로 된 신뢰를 쌓아보지 못한 그 아이에게 무서운 것은 없었습니다. 가장 가까워야 할 부모와도 신뢰가 무너진 아이는 오직 자신만 믿으며 다른 모든 것은 다 쳐내고 있었기 때문이지요.

인성 습관을 형성하는 가장 중요한 곳은 첫 번째가 가정입니다. 가정에서 쌓은 바른 인성을 바탕으로 학교에서 친구들과 어울리며 문제가 생기면 조율하고 배워나가는 곳이 학교입니다. 인정합니다. 학교는 온전히 아이 인성을 책임지기 어렵습니다. 가정 연계를 통해 최대한으로 책임을 다해 지도하는 곳이지요.

아직 입학 전인 아이에게는 학습보다는 충분히 놀아주고, 쓰다듬어주고, 안아주어서 사랑받고 있다는 것을 느끼게 해주세요. 그리고 내가 소중한 만큼 다른 친구도 소중하다는 것, 부모님께 감사한 것처럼 선생님께 감사하다는 마음가짐 습관을 길러주세요.

Do 1, 2, 3!

1. 아이에게 "너는 소중한 사람이야"라고 매일 말해주세요.
2. 내가 소중한 만큼 친구들도 소중하다는 것을 인식시켜주세요.
3. 친구에게 양보하고 배려할 수 있도록 해주세요.
4. 아무리 화가 나도 아이의 존재 자체를 부정하는 말들은 절대로 하지 말아주세요.
5. 감사함을 느끼고 표현할 줄 아는 아이로 길러주세요.

02
'어휘력'으로 시작해 '추론'으로 연결하라

언어 습득에는 결정적 시기가 있습니다. 그러나 우리는 이 결정적 시기에 흔히 영어 조기교육으로 접근을 하게 되지요. 그러나 사실 이 시기에 가장 중요한 것은 바로 국어, 그중에서도 '풍부한 어휘력'을 획득하는 것입니다.

입학 전부터 초등학교 2학년까지는 모국어에 있어서 폭발적인 어휘력을 습득하는 결정적 시기입니다. 특히 유아기에 사용하는 기초적인 어휘들에서 한 발 더 나아가 논리와 추론 등 사고력을 바탕으로 하는 어휘들을 접하기 시작하지요. 다시 말하면 이 시기에는 부모의 무릎 위에 앉아 부모님이 읽어주시는 것을 듣는 수동적인 무릎독서에서 벗어나 학교에서의 책 읽기가 시작되는 때입니다.

바르게 앉아서 새로운 어휘를 읽어내고 자신의 것으로 만들어내는 사고 과정이 무엇보다 중요하지요.

이 시기의 아이들은 책을 읽거나 대화를 할 때, 새로운 어휘를 만나면 자신이 경험하고 아는 대로 일단 받아들입니다. 예를 들면 'SBS'를 '585'라고 읽거나, 선생님이 "주목!"이라고 말하면 '주먹'을 내밀기도 하지요. 그렇기 때문에 초등학교 저학년 아이들에게는 다양한 어휘를 자주 접하는 경험이 필요합니다. 그리고 다양한 어휘 경험을 쌓는 가장 좋은 방법은 물론 책 읽기입니다.

영어유치원 나온 아이들의 한글 어휘력 문제

흔히 '영어유치원'이라고 부르는 곳은 엄밀히 말하면 유아 대상 영어학원입니다. '유치원'이라는 호칭이 학부모들의 혼란을 야기할 수 있어 교육부에서는 유아 대상 영어학원들을 상대로 이러한 호칭을 쓸 수 없도록 강력하게 제제하고 있지요. 그렇지만 여전히 많은 사람들이 영어유치원이라는 표현을 더 익숙하게 쓰고 있는 관계로, 이 책에서는 원활한 소통을 위해 영어유치원이라고 쓰고자 합니다.

가장 폭발적인 어휘력 상승 시기에 영어유치원을 다닌 친구들은 1학년 학습에서 매우 기초적인 어휘를 몰라 선생님에게 묻는 경우가 무척 많습니다. 물론 이 시기에 영어 외에도 우리말로 된 책을 많이 읽었던 아이들은 조금 나을 수는 있지만, 한글 어휘력이 상대적으로 부족한 것은 사실입니다. 이렇게 벌어지기 시작한 격차는 고학년으로 올라갈수록 더욱 차이가 커집니다.

저는 장기간 외국 거주로 귀국 후 국내 교육 현장에 적응이 필요한 학생들을 대상으로 하는 '귀국학생 특별학급'의 담임교사를 4년간 했습니다. 대다수의 귀국 학생들은 한참 언어 능력을 키울 가장 중요한 시기를 외국에서 보냈다 보니, 아무리 노력해도 한국에서 자란 친구들과 어휘력 차이를 좁히기 어려웠습니다. 이 문제는 국어가 아닌 다른 교과 수업에도 지장을 초래했습니다. 그나마 수학은 머리가 좋은 친구들은 빠르게 따라잡았지만, 모르는 단어들이 마구 쏟아지는 사회, 과학은 속수무책이었습니다. 막연히 외국에서 살다 온 아이들은 이중 언어를 해서 더 유리할 것이라는 선입견이 깨지는 순간이었지요. 두 가지 언어를 모두 소화하고 효과적으로 학습한 친구는 손에 꼽을 정도였습니다.

그런데도 왜 우리는 이렇게 "영어! 영어!" 하는 것일까요. 이제는 대학 입시에서도 영어가 절대평가로 바뀌었는데 말입니다. 막연히 '영어를 잘하면 좋을 것이다'라는 이유로 어휘력 향상의 결정적 시기를 영어에만 몰두해 보내면 절대로 안 됩니다. 초등학교 입학 전부터 저학년까지는 우리말로 된 책 읽기가 진행되야 하는 시기입니다. 많이 읽으면 읽을수록 좋습니다. 모르는 단어를 맞닥뜨릴수록 더 좋습니다. 그러면서 하나씩 새로운 단어를 알아가는 것이 어휘력 향상의 핵심 비결이기 때문입니다.

초3까지 반드시 쌓아야 하는 어휘력

초등 2학년이 되면 스스로 국어사전을 통해 정확한 뜻을 찾아보는 연습을 시작해야 합니다. 책 읽기에 이어 자연스럽게 사전 찾기 습관을 들이는 것이지요. 그리고 3학년부터는 이제 어휘를 체계적으로 정리해야 합니다. 국어사전 찾아보는 습관은 계속해서 유지하면서, 동시에 다양한 어휘력 게임이나 학습 활동을 병행하는 것이지요. '네이버 국어사전' 같은 온라인 서비스를 이용하면 검색해본 단어를 단어장에 등록해서 어휘력 낱말 퀴즈를 풀어볼 수도 있고, 시중에 나와 있는 어휘 문제집을 가지고 학습할 수도 있습니다. 이 시기에는 다양한 방식을 통해 아이에게 가능한 한 많은 어휘를 접하게 해주는 것이 좋습니다. 그래야 고학년 때 모르는 어휘로 인해 학습 흥미도가 떨어지는 일을 막을 수 있습니다.

1~2학년까지는 한글 떼기와 구구단 익히기 정도로 국어, 수학이 단순하지만, 3학년부터는 교과목도 늘어나고 학습 내용도 어

연령별 두뇌 성장 곡선과 어휘량 발달 곡선

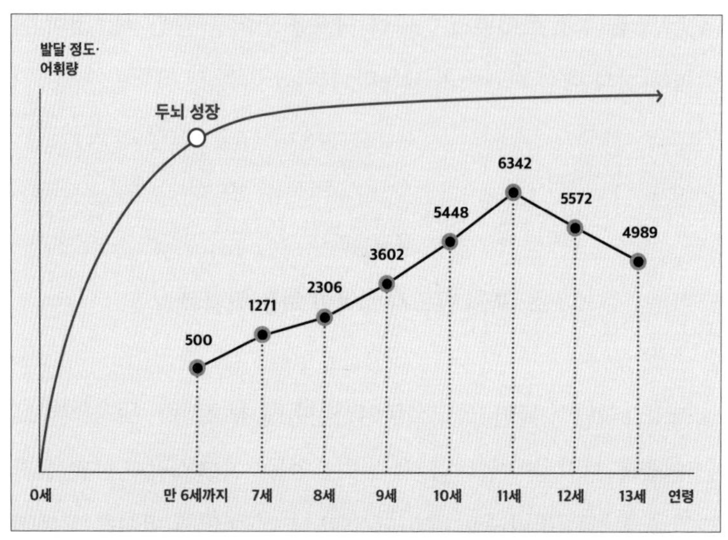

* 출처: 스케몬의 성장곡선, 사카모토 이치로의 '아동 및 청소년의 어휘량 발달표'

려워집니다. 따라서 그 전에 최대한으로 어휘력을 확보할 필요가 있습니다. 일본의 교육심리학자 사카모토 이치로阪本一郎의 '아동 및 청년의 어휘량 발달표'에 따르면, 아동의 어휘력은 초등학교 입학 후부터 가파른 상승 곡선으로 증가하다가 10세 전후로 1년에 5,000단어 이상 증가하는 것으로 나타납니다.

국어 문제의 답은 대부분 지문 안에 있습니다. 즉, 지문만 잘 읽어낼 수 있다면 문제의 답을 얼마든지 찾을 수 있는 거지요. 그러나 어휘력이 부족한 아이들은 제시된 지문을 읽어내는 일 자체를 힘겨워합니다. 단어의 뜻을 모르니 지문을 끝까지 읽지 못하고 결국 문제를 포기하게 됩니다. 이처럼 어휘력이 부족하면 책 읽기를 싫어하게 되고, 책을 읽지 않으니 어휘력을 기르지 못하는 악순환이 되풀이됩니다.

초등 3학년이 되기 전에 반드시 아이의 책 읽는 습관과 어휘력 수준을 점검해보시는 것이 좋습니다. 그리고 초등학교 고학년까지 책 읽기와 어휘력 쌓기는 병행되어야 합니다.

실제로 저희 큰아이는 6~9세 시기에 엄청난 양의 책을 읽었습니다. 다른 아이들이 영어, 수학 학원에 다닐 때, 저는 독서를 가장 우선순위로 놓고 아이에게 책을 읽혔지요. 집에 있는 책 이외에도 도서관에서 매주 40권에서 60권의 책을 대여해주었습니다. 거기에 하교할 때마다 도서관에 들려 3권씩 대출해 오도록 아이와 약속했지요. 그렇게 아이는 하루에 최소 3권을 읽고 저와 책에 대한 이야기를 나누었고, 엄마와의 대화와 칭찬에 힘입은 아이는 다음 날도 저와의 약속을 지켰습니다. 이 시기의 독서가 큰아이의 어휘력과 학습 습관에 결정적인 역할을 했다는 것은 두말할 것도 없지요.

초등 2학년까지 한국어 책 읽기에 집중했던 큰아이는 고학년이 되어 그 효과가 두드러지기 시작했습니다. 3~4학년에는 글밥이 제법 많은 책을 능숙하게 읽어나갔고, 5학년 때부터는 『미움받을 용기』, 『정의란 무엇인가』, 『왜 세계의 절반은 굶주리는가』 등 성인 대상의 교양 도서를 읽으며 저와 비슷한 수준의 어휘를 구축했기 때문입니다.

이 같은 국어 어휘력은 특히 영어 학습 수준이 높아질수록 매우 큰 도움이 되었습니다. 어려운 영어 단어가 등장할 때 다른 친구들은 그것을 설명하는 우리말 문장 자체를 이해하지 못하는 경우가 많기 때문입니다. 그러나 직간접 경험으로 많은 어휘를 알고 있는 큰아이는 국어를 잡은 후 영어도 쉽게 잡았습니다.

어휘력 다음으로 중요한 능력은 '추론'

그렇다면 어휘력 이후에는 무엇일까요. 저는 '추론 능력'이라고 봅니다. 많은 책을 읽고 튼튼하게 어휘력을 쌓았음에도 여전히 알 수 없는 단어들은 생깁니다. 그럴 때는 문맥을 파악하여 미루어 짐작해내야 합니다. 맞습니다. 추론을 해야 하는 것이지요. 사실 추론은 무척 어려운 영역입니다. 글에 등장하는 다양한 단어들과 앞뒤 문맥의 내용을 정확하게 알고 있다는 전제가 있어야 추론의 정답률이 높아지기 때문입니다. 쉽게 말하면 찍는 것도 실력인 것이지요. 무조건 1, 2, 3, 4, 5 중에 아무거나 찍는 것이 아니라 1, 3, 5가 안 되는 이유와 2, 4 중에 2가 답이 될 것 같은 이유를 자신이 아는 범위에서 최대한 논리적으로 추리해서 답을 찾아내는 것이기 때문입니다.

다시 말해 추론의 핵심은 '어휘력'과 '문맥 파악'입니다. 이 중에서 어휘력은 초등학교 저학년까지 충분히 쌓아야 합니다. 그리고 중학년부터는 문맥을 통해 어휘의 뜻을 추측하고 글쓴이의 의도를 추론해내는 훈련이 진행되어야 합니다. 그러기 위해서는 책을 눈으로만 보는 것이 아니라 끊임없는 사고 과정을 병행해야 합니다. 단순히 어휘 뜻을 기억하며 넘기는 것이 아니라 제시된 어휘들을 연결시켜낼 수 있어야 하지요. 앞서 지나간 내용을 기억하며 뒤에 펼쳐질 내용을 추측하고, 또 사건의 흐름에 맞게 이야기를 추론할 수 있어야 합니다. 초등 3학년 이후의 책 읽기에는 이런 과정이 아이의 머릿속에서 진행되어야 하지요.

그러나 때때로 아이들 중에 책은 많이 읽는데 내용은 전혀 기억하지 못하는 친구들이 있습니다. '다독이 좋다'라는 믿음하에 책을 그림으로 훑어낼 뿐 글로써 읽지 못하고 있는 것입니다. 그래서 책을 읽고 나서 아이와 책에 대해 이야기하는 시간이 필요합니다. 이때는 겉으로 드러나는 장면만이 아닌, 숨겨진 의미 등 사고력이 필요한 질문도 건네는 것이 좋습니다. "등장인물이 왜 그런 행동을 했을까? 그렇게 하지 않았다면 어떤 일이 벌어졌을까? 너라면 어떻게 행동했을까?" 같은 질문 말이지요. 이런 것들이 독서 토론, 논술입니다.

6~9세는 다른 과목에서 힘을 빼세요. 그렇지 않으면 엄마도 아

이도 지치게 됩니다. 아낀 시간만큼 책을 많이, 그리고 정확하게 읽도록 해주세요. 독서 토론과 함께 독서록을 쓰는 것도 아주 좋은 방법입니다. 독서록은 아이의 생각이 자라나는 과정을 기록한 성장 일기와도 같습니다. 씁쓸한 이야기지만, 독서가 병행되지 않은 채로 학습만을 위해 부모님이 붙들어 앉혀 공부시킨 초등 우등생의 80~90퍼센트는 중학교에 가면서 성적 하락을 경험하게 됩니다. 스스로 공부하는 힘, 공부 자존감을 아이에게 길러주기 위해서는 저학년의 책 읽기는 필수입니다.

저학년 아이들의 독서록 활동 예시

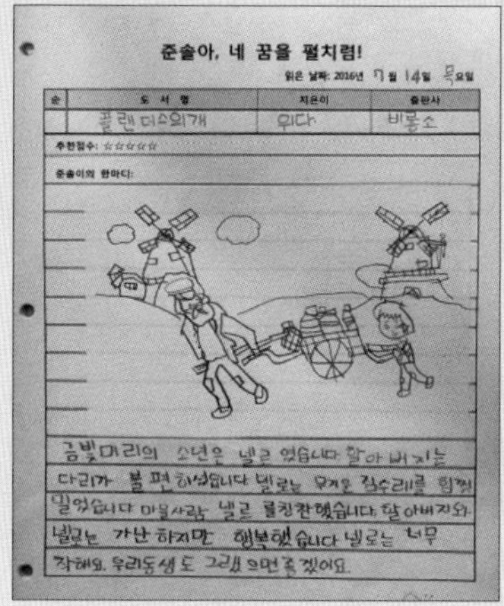

준솔아, 네 꿈을 펼치렴!

읽은 날짜: 2016년 7월 14일 목요일

순	도서명	지은이	출판사
	플랜더스의개	위다	비룡소

추천점수: ☆☆☆☆☆

준솔이의 한마디:

금빛머리의 소년은 넬로 였습니다 할아버지는 다리가 불편하셨습니다 넬로는 무거운 짐수레를 힘껏 밀었습니다 마을사람들 넬로를 칭찬했습니다 할아버지와 넬로는 가난하지만 행복했습니다 넬로는 너무 착해요. 우리동생도 그랬으면 좋겠어요.

◀ 그림과 글씨 쓰기에 어려움이 없던 첫째의 경우, 1학년 1학기부터 독서록을 시작했습니다.

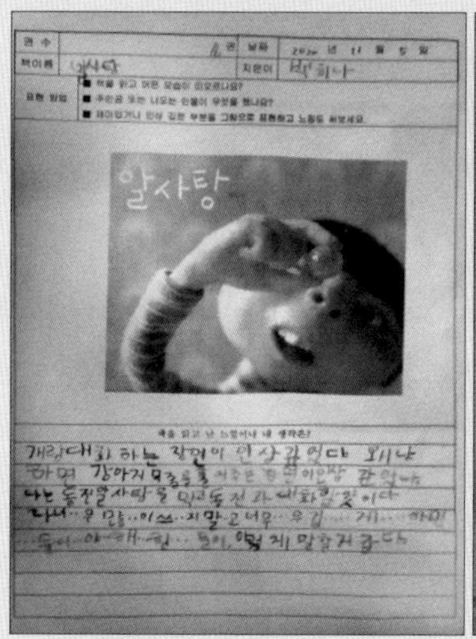

▲ 손끝에 힘이 없고 그림 그리기를 힘들어하던 둘째는 1학년 2학기부터 독서록을 시작했고, 직접 그림을 그리는 대신 책에서 좋아하는 장면을 스캔하여 프린트하는 것으로 부담을 줄여주었습니다.

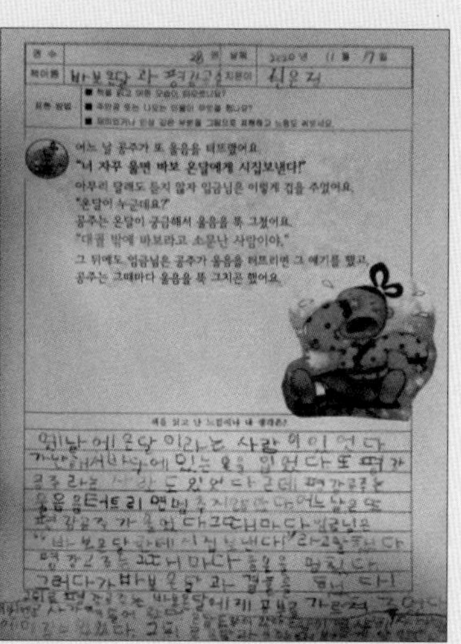

어느 날 공주가 또 울음을 터뜨렸어요.

"너 자꾸 울면 바보 온달에게 시집보낸다!"

아무리 달래도 듣지 않자 임금님은 이렇게 겁을 주었어요.

"온달이 누군데요?"

공주는 온달이 궁금해서 울음을 뚝 그쳤어요.

"대궐 밖에 바보라고 소문난 사람이야."

그 뒤에도 임금님은 공주가 울음을 터뜨리면 그 얘기를 했고, 공주는 그때마다 울음을 뚝 그치곤 했어요.

▲ 하루에 하나씩 독서록 활동을 진행하며 글쓰기가 놀랍게 늘어난 모습입니다.

03

'스스로 꾸준히'를 아이 마음에 심어주려면

아이가 자기 할 일을 스스로 꾸준히 해나간다면 부모로서 더 이상 바랄 게 있을까요. 대부분의 부모님들이 우리 아이가 자기 주도적으로 학습하고 크게 흔들림 없이 사춘기를 보내면 학습에 성공할 것이라고 믿습니다. 그래서 자기 주도 학습에 관한 책들이 베스트셀러가 되었지요. 놀라운 것은 '자기 주도 학습'이라는 개념이 유행처럼 번지자 이제는 '자기 주도'를 가르치는 학원들과 특강들이 넘치게 생겨나고 있다는 것입니다. 과연 자기 주도 학습을 배워서 할 수 있을까요? 남에게 배우는 '자기 주도'라니, 너무나도 이율배반적인 말 아닌가요?

그러나 아이는 자기 주도를 배울 필요 없지만, 반면 부모님은 배워야 합니다. 아이의 자기 주도성을 기르기 위해 어떻게 해야 하는지를 알아야 제대로 지도할 수 있기 때문입니다. 이는 선생님들도 마찬가지입니다. 예전에는 선생님을 '지식 전달자'로 여겼지요. 선생님이 공부한 지식을 아이들에게 잘 가르쳐주는 것을 원했습니다. 지식의 일방적인 전달이었지요. 그러나 요즘 학교 분위기는 많이 다릅니다. 아이들이 스스로 학습할 내용을 생각하고, 친구들과 자료를 찾아보며 협의하여 프로젝트로 발표하는 형식으로 진행되고 있지요. 선생님은 지식 전달자가 아니라 아이들이 필요로 할 때 조언을 해주는 '조언가'이자 '코치'의 역할을 요구받고 있습니다.

그렇기 때문에 요즘 학교에서는 아이들의 자기 주도성이 더더욱 중요한 특성이 되고 있습니다. 자기 주도성이 잘 발달된 아이들은 조별 과제물 수행에서도 무척 적극적입니다. 자신들이 역할을 나누고, 해당하는 역할에 맡게 과제를 수행합니다. 그러나 같은 학년이어도 아이들에 따라 자기 주도적으로 과제를 해내는 모습에는 차이가 무척 큽니다. 그중에서도 눈에 띄게 자기 주도성을 발휘하는 아이들이 있습니다. 우리가 키워내고 싶은 아이들이지요. 살펴볼까요?

이 친구들은 어떤 일이든 우선 스스로 해본 경험이 많습니다. 예를 들어 과제가 주어지면, 먼저 무엇을 어떻게 해야 할지 스스로 고민을 시작합니다. 그리고 필요한 자료를 찾아보며 자신의 방법으로 기록하고 발표하는 것이지요. 이 과정을 주목해야 합니다. 이 과정이 바로 자기 주도적 학습 능력이지요. 『교육학 용어사전』에 따르면, 자기 주도적 학습이란 '학습자 스스로가 학습의 참여 여부에서부터 목표 설정 및 교육 프로그램의 선정과 교육 평가에 이르기까지 교육의 전 과정을 자발적 의사에 따라 선택하고 결정하여 행하게 되는 학습 형태'라고 합니다.

그러나 처음부터 능숙하고 훌륭하게 자기 주도 학습이 완성되는 아이는 없지요. 맞든 틀리든 일단 스스로 시도해보는 경험이 중요하며, 그 과정에는 무수한 실수와 착오가 일어나기 마련입니다. 그러한 실수 역시 스스로 평가해보고 개선할 방법을 다시 고민하는 과정까지가 자기 주도 학습이 완성되는 단계인 것이지요. 그리고 스스로의 힘으로 자기 공부를 이끌어본 경험이 바로 공부 자존감의 단단한 바탕이 됩니다.

이 같은 내면의 힘, 자기 주도성은 단기간에 완성될 수 없습니다. 그러니 부모님들은 절대로 자기 주도 학습에 대해 조바심을 내서는 안 됩니다. 중 · 고등학생 시기부터 본격적으로 자기 주도 학습을 시작할 수 있다고 생각하고, 초등 시기에는 '스스로 고민하고 시도해보는 경험'을 조금씩 쌓아나가는 것을 목표로 삼아야 합니다. 다시 말하면 초등 시기에는 시도하고 실패를 경험해봐야 하는 시기인 것이지요.

그런데 이 과정에서 마음이 급한 부모님이 자꾸 개입하게 됩니다. 아이가 과제를 진행하는 동안 부모님은 계속해서 확인하고, 지적하고, 수정시키는 것을 반복합니다. 당장 정해진 시간 안에 주어진 과제를 해내야 하는 경우는 마음이 급해질 수밖에 없지요. 그래서 자기 주도성은 어렸을 때 충분히 연습해야 합니다. 시간이 있을 때 키워내야 합니다. 유아동기가 자기 주도 학습 능력을 기르는 데 가장 중요한 이유입니다.

아이가 할 수 있다는 자신감을 갖기 위해서는 크든 작든 자신이 성공했던 경험이 있어야 스스로 하고 싶다는 생각이 듭니다. 부모님은 티가 나지 않는 범위에서 아이가 할 수 있도록 도울 뿐이지요. 실제로 부모님이 정말 티 안 나게 길을 잘 이끌어준 친구들은 자신이 전부 다 한 걸로 아는 경우도 있지요. 사실은 부모님 눈에는 다 보였던 길인데 말입니다.

그렇다면 아이의 자기 주도성을 키울 수 있도록 부모님이 티 안 나게 돕는 방법은 어떤 것이 있을까요? 예를 들어보겠습니다.

준도는 2학년 '여름' 수업에서 '가족의 생활 모습'에 대해 배우고 있었습니다. 선생님이 말씀하셨습니다.

"다음 시간에는 '여름날 우리 가족의 생활 모습'을 발표할 거예요. 각자 어떤 모습을 발표하고 싶은지 생각해 오세요."

초등학교 발표 수업은 '그리기'와 '말하기'로 진행됩니다. 이제부터 준도는 자신의 경험을 떠올리며 가족이 여름에 생활했던 모습들 중에서 발표할 것을 선택해야 하지요.

그렇다면 준도의 부모님은 어떤 부분을 도와주셔야 할까요? 이

때 부모님은 아이와 함께 경험을 떠올리는 이야기를 나누어주시면 됩니다. 아이가 상황을 떠올리기 힘들어할 때는 가족이 여름에 찍었던 사진들을 모아 보여주는 것도 좋습니다. 즉, 부모님은 아이가 다양한 고민을 해볼 수 있도록 대화를 나누는 역할까지만 하고, 발표할 장면을 고르는 일은 온전히 아이에게 맡기는 것이지요.

발표할 장면을 고른 뒤 그림을 그려야 하는 단계에서 아이가 갑자기 그리기가 아닌 만들기를 하려 한다면, 혹은 '여름'이라는 주제에서 벗어난 이야기를 하려 한다면 어떻게 해야 할까요? 그럴 때는 아이가 방향을 제대로 잡을 수 있도록 다시 한번 과제를 상기시켜 주시면 됩니다. 물론 시간이 많다면 아이가 주제에서 벗어난 이야기를 하더라도 재미나게 들어주시고, 만들기를 한다면 일단 끝까지 해보도록 하고 다시 과제로 돌아오는 것을 지켜봐주시는 것도 좋습니다. 당장의 과제를 끝내는 게 중요한 것이 아니라, 시행착오를 겪더라도 아이가 그 과제를 직접 계획하고 완수해냈다는 경험을 해보는 것이 중요하기 때문입니다.

아이가 직접 해보려는데 "그것보다는 이게 낫지", "이 색깔로 칠해야지", "조금 더 크게 그려야지" 하고 개입하게 되면 아이는 점점 더 부모님에게 의존하게 됩니다. 자신의 생각대로 하면 할 때마다 뭐라고 하니, 스스로 하고 싶은 마음이 없어질 수밖에요. 차라리 엄마가 시키는 대로 해야 같은 일을 두 번 안 해도 되기 때문입니다. 이렇게 의존성이 강화된 친구들은 학교에서도 같은 양상을 보입니다. "선생님, 여기는 무슨 색으로 칠해요?", "여기는 안 칠해도 돼요?", "이거 해도 돼요?" 하며 하나하나 점검받고자 하지요.

문제는 초등학교 고학년이 되어서도 마찬가지라는 것입니다. 5학년인 저희 반 아이들조차도 "이거 칠해야 돼요?", "이거 잘라도 돼요?", "두 개 쓰면 안 돼요?" 하며 사소한 것 하나까지도 선생님에게 점검받고 확인받으려는 친구들이 있습니다. 이런 친구들은 그래서 금방 지칩니다. 초반에는 엄마와 선생님께 칭찬받기 위해서 바짝 열심히 하는 듯하다가 이내 제풀에 지쳐 손을 놓아버리지요. 그러고는 나머지 부분은 대강 아무렇게나 끝내버립니다.

이처럼 '스스로 꾸준히'를 할 수 없는 아이들은 어른이 지켜볼 때는 제대로 하는 듯하지만, 감시의 눈이 사라지는 순간 연필을 놓아버립니다. 문제는 그러고 나면 다시금 잔소리가 반복된다는 것이지요. "마지막까지 열심히 해야지", "이렇게 칠해서 망쳤잖아. 다시 그려야지" 하며 말입니다. 심지어는 잔소리에서 그치지 않고 부모님이 직접 과제를 마무리해주는 경우도 있습니다. 어떻게든 기한 내에 학교에 과제를 내야 한다고 생각하기 때문이겠지요. 그러나 이것은 아이의 자기 주도성을 아예 무너뜨리는 방법입니다. 차라리 이럴 때는 다시 시간을 정해서 남은 부분을 아이가 스스로 완성하도록 기다려주는 것이 낫습니다.

초등 저학년 때, 조금이라도 시간적 여유가 있을 때, 무슨 일이든 아이가 주도적으로 시도해보는 경험을 의도적으로 더 제공해주세요. 시간 내에 과제를 끝내지 못하는 것도 초등 시기에 필요한 실패의 경험입니다. 처음에는 시간 내에 못하더라도 다음에는 시간을 분배해서 해야 한다는 것을 알아가는 것도 아이의 경험이고 자산이 됩니다.

04

'끈기 있는 아이'는 앞으로의 공부 인생에 무적이 된다

자기 주도성 못지않게 중요한 것이 한 가지 더 있습니다. 무엇이든 끝까지 해내려는 힘, 바로 '끈기'입니다. 끈기를 가진 아이는 공부 인생에 아주 커다란 무기를 가진 것과 같습니다. 물론 아직 아이이기 때문에 도중에 지쳐할 수도 있습니다. 10을 목표로 하다가 아이 스스로 열심히 8까지 왔는데, 거기서 지쳐한다고 끈기 없는 아이라고 타박할 수는 없지요. 이럴 때 부모님의 응원과 지도를 통해 다시 의지를 다잡는 과정까지를 모두 초등 아이의 끈기라고 봐야 합니다.

저는 잘하는 것이 두 가지가 있습니다. 완벽하지는 못하더라도 빠르게 일을 끝내는 것, 그리고 한 번 시작하면 꾸준히 하는 것이지요. 이런 저의 장점은 제가 살아가는 데 정말 큰 무기가 되었습니다. 우선은 한 번 빠르게 훑어내고 정해놓은 시간만큼 항상 꾸준히 합니다. 그렇다 보니 완벽하지 못했어도 점점 더 완벽에 가까워집니다. 처음부터 완벽하게 하려고 하나씩 점검해나가다 보면 아이도 부모님도 쉽게 지칩니다. 우선은 대강이라도 모습을 갖추어서 시작한 뒤, 조금씩 꾸준히 반복하다 보면 어느새 목표로 했던 상태에 가까워질 수 있습니다.

그렇다면 끈기 있는 아이는 어떻게 키워낼 수 있을까요? 우선은 타고난 성향이 가장 큽니다. 누가 그렇게 시키지 않아도 한 번 시작하면 어떻게든 끝까지 해야만 만족하는 아이가 있고, 중간에 포기가 쉬운 아이도 있습니다.

그렇지만 타고난 성향이라 하더라도 부모의 지도를 통해 보다 강화시킬 방법은 있습니다. 가령 아이에게 무언가를 요청하거나 그만두게 했을 때, 아이가 "이것만 하고요"라고 말해 화가 났던 경험들 있으시지요? 그런데 이 상황을 인정해주어야 합니다. 아이가 그 과제를 끝내놓고 오려는 상황이기 때문이지요. 따라서 그럴 때는 "그래, 마무리하면 바로 오렴"이라고 하는 것이 더 좋습니다.

예를 들어볼까요. 초등학교 저학년 아이를 데리고 대형 마트에 가는 상황을 떠올려보세요. 대형 마트에는 아이들을 위한 다양한 만들기 체험 카페가 있지요. 엄마가 장을 볼 동안 아이에게 레고블록 체험 카페에서 놀고 있으라고 합니다. 엄마는 아이가 지루해할까 봐 배려한 것인데 막상 집에 갈 때는 소동이 벌어집니다. 이제 그만 집에 가자는 엄마와 만들기를 끝내지 못했다는 아이의 실랑이 때문이지요.

저도 두 아이를 키우며 비슷한 상황을 몇 차례 겪었습니다. 저는 우선 시작할 때 놀 수 있는 시간을 정해주고, 그 시간 동안 만들 수 있는 것을 아이가 스스로 선택하도록 했습니다. 물론 그래도 종종 정해진 시간이 넘어서는 경우도 있었지요. 그럴 때는 기다렸습니다. 아이가 선택한 활동에 대한 성취감을 맛보도록 해준 것이지요. 기다리다가 마감 시간까지 된 경우도 허다합니다. 그러나 아이의 집중하는 눈빛을 보면, 도중에 그만두자는 말을 할 수 없었습니다.

아이에게는 끝까지 해내는 경험이 필요합니다. 이런 경험이 누적되어야 수학 문제에서도 과제 집착력을 지니고 문제를 해결하기 위해 끈기를 보여주지요. 한 번 풀어보고 모르겠다고 바로 질문하는 아이가 되어서는 안 됩니다. 두 번 풀어보고 모르겠다고 포기하는 아이가 되어서도 안 되지요. 세 번 풀어보고, 네 번 풀어보고, 풀다가 울지언정 끝까지 도전하는 경험이 필요합니다. 이게 공부 자산이기 때문이지요.

그리고 이런 자산을 기르기 위해서는 부모와의 끈끈한 유대 관계가 절실히 필요합니다. 아이가 지칠 때 또는 좌절할 때 자아 탄력성을 기르기 위해서입니다. 스스로 회복 탄력성이 강하게 태어나는 아이도 있지만, 일반적으로 아이들은 부모의 사랑과 지지 속에서

회복력을 강화합니다.

저학년 때 추천드리고 싶은 것은 '알림장 활용하기'입니다. 학교에서 아이들이 알림장을 적어 오면 눈으로 확인만 하지 마시고 하루 한 줄 아이에게 사랑의 말을 적어주는 것이지요. "사랑하는 준솔아, 오늘 받아쓰기 90점 받은 것 축하해" 또는 "수학익힘책 푸느라 힘들었을 텐데 끝까지 숙제 다 해줘서 고마워" 등과 같이 꾸준히 아이가 노력하는 것에 칭찬의 말을 전해주세요. 부모의 관심와 애정이 기록된 알림장을 보면 아이 역시 수업이든 숙제든 더 열심히 해야겠다는 생각이 들 수밖에 없습니다. 간단히 확인용 사인만 해주는 것과는 다르지요. 이렇게 아이와 관계 형성이 꾸준히 진행되면 아이가 사춘기가 되어서 지치고 흔들릴 때도 잘 잡아줄 수 있습니다. 늦게까지 수업 듣느라 힘들었던 아이에게 "영어 과제 하느라 힘들었지? 늦게까지 피곤했을 텐데 포기 안 하고 마무리한 네가 참 자랑스럽다"라고 포스트잇을 적을 수 있는 날이 와야 합니다.

아이가 어릴 때는 꾸준히 끈기를 길러주고 이끌어주면서 아이 공부 인생에 무기가 되도록 해주세요. "우리 준솔이는 한 번 시작하면 끝까지 해내는 것 같아, 참 대단해"라며 지나가는 말로 던져도 아이는 모두 듣고 있기 때문입니다. 끈기는 타고나는 성향이기도 하지만, 동시에 가장 쉽게 길러줄 수 있는 강력한 무기입니다.

Do 1, 2, 3!

1. 아이가 하던 일을 끝까지 해내고 싶어서 "이것만 하고요"라고 말할 때는 아이의 의지를 인정해주세요.
2. 한 번 시작하면 꾸준히 할 수 있도록 부모님이 사랑과 지지를 보내주세요.
3. 알림장을 활용해서 아이의 '끈기'를 칭찬하고, 열심히 하고자 하는 의지를 길러주세요.

저학년부터 알아야 할 앞으로의 교육제도 변화

동네에서 똑똑하기로 소문 난 아이의 엄마가 이사를 갔습니다. 바로 옆 단지인데 중학교 배정이 다르게 되는 곳이지요. 그 일대 엄마들이 난리가 났습니다. 교육제도가 어떻게 변하길래 이사까지 갔는지 궁금해한 것이지요. 2021년 현재 초등학교 6학년생이 고등학교에 입학하는 2025년부터 전면적으로 시행되는 고교학점제, 과연 어떤 것일까요?

2025년부터 시작되는 고교학점제

고교학점제란 학생들이 진로에 따라 자신이 원하는 과목을 선택·이수하고 누적 학점이 기준에 도달할 경우 졸업을 인정받는 제도입니다. 일방적인 교사 중심의 학급별 시간표가 아닌 학생 개인별 수강 신청에 따라 수업이 이루어진다는 점에서 대학교의 학점 이수 방식과 유사하지요. 학점을 받는 과정도 마찬가지로 일정한 성취 수준에 도달해야만 해당 과목 이수가 인정됩니다. 성취 수준에 도달하지 못할 경우에는 대학에서 F 학점을 받는 경우와 마찬가지로 보충수업과 재평가를 통해 이수를 마쳐야 합니다.

고교학점제를 하려는 이유는 일률적이고 경쟁 위주의 수업을 지양하고 아이의 흥미와 역량에 맞춘 수업을 제공하려는 목적에서입니다. 현재 마이스터고등학교 등 일부 학교에서는 이미 고교학점제를 시행하고 있지만, 물론 아직 해결해야 할 한계점은 많습니다. 교사 수급 문제, 교과목에 따른 평가 문제, 학교마다 다른 교과목을 운영할 경우 대학입시에 어떻게 공정하게 반영할 것인가 하는 등의 문제가 남아 있지요.

그럼에도 불구하고 이러한 한계를 극복하고 교육부는 앞으로 점차적으로 고교학점제를 확대하겠다는 굳은 의지를 보여주고 있습니다. 따라서 현재 초등 저학년을 둔 학부모님들은 교육제도가 그러한 방향을 향해 간다는 것을 알고 계셔야 합니다. 한계도 있고 시행착오도 거치겠지만, 앞으로는 개인의 역량을 보다 강화하는 교육을 하겠다는 것이지요.

고교학점제가 추구하는 인재의 모습

이와 더불어 또 한 가지 알아두어야 하는 것이 현재 교육부에서 추구하는 '인재상'입니다. 그 인재상에 맞춰 교육제도가 개편되고, 대학의 입시 전형에도 반영되기 마련이니까요.

현재 교육부가 '2015 개정 교육과정'을 통해 추구하고 있는 인재상은 '창의융합형 인재'입니다. 즉, 지식보다는 창의적 사고, 심미적 감성, 지식 정보 처리 역량, 의사소통 능력 등 개인적 역량이 더욱 추구된다는 뜻이지요. 이를 위해 학생들의 탐구 역량을 강화할 수 있도록 교과를 재구조화하거나 과목 선택권을 더욱 확대할 예정이라고 합니다.

한편 고교학점제가 본격적으로 시작되면, 다른 학교나 지역사회 등 학교 외의 장소로 수업을 들으러 가는 경우도 생길 수 있습니다. 예를 들면 현재 초등학교 저학년 아이들이 경험하는 '꿈의 학교', '마을 공동체 수업'과 같은 학습 프로그램이 학점 이수 과목이 될 수도 있는 것이지요.

고교학점제는 자기 주도성이 높은 아이들에게는 매우 좋은 기회가 될 수도 있습니다. 우리는 미네르바 대학Minerva University의 학생들이 세계 곳곳에서 학습하고 학점을 인정받는 걸 동경합니다. 그러나 고등학교에서 지역사회나 다른 학교와의 연계 수업을 진행하는 것에는 많이들 반대하지요. 대학 입시를 위한 공부를 해야 할 때라고 생각하기 때문입니다.

대학 입시와는 어떻게 연계될까

고교학점제가 실효성을 얻기 위해서는 대학 입시와 연계되어야 합니다. 학생부와 논술로 대학을 가는 수시와 수능으로 대학을 가는 정시는 2027학년도 대입까지 그대로 유지될 예정이고, 2028학년도 대입이 어떻게 될지는 아직도 논의 중이기 때문이죠.

그러나 한 가지 확실한 것은 '아이의 스토리'입니다. 어떤 것에 관심과 소질이 있고 학습했으며 준비해왔는지가 중요한 것이지요. 이러한 내용들이 단순히 수학 하나로, 과학 하나로, 미술 하나로, 음악 하나로 끝나는 것이 아니라 창의적으로 융합하여 자신의 것을 만들어나가는 친구들이 중요해졌습니다. 현재 세종과학예술영재고등학교, 인천과학예술영재고등학교의 경쟁률이 계속해서 올라가고 있는 것도 이러한 흐름을 반영하리라 확신합니다.

과연 동네에서 유명한 그 똑똑한 아이 엄마가 단지 고교학점제 때문에 이사를 한 걸까요. 아마도 그 아이는 더 큰 것을 보고 있을 겁니다. 아이의 스토리를 만들어나가고 있을 거예요. 우리 아이들이 고교학점제의 시행 여부와 관계없이 교육부에서 추구하는 인재상과 핵심 역량에 맞춰 초등학교 저학년 때부터 갖춰나갈 수 있도록 준비해주세요. 아이가 자신의 흥미와 관심사, 재능을 찾으려는 노력이 계속된다면 흔들리지 않을 수 있습니다.

우리 아이가 영재인 것 같은데 검사를 받아볼까요?

Q.

여섯 살 딸을 둔 엄마입니다. 아이가 네 살이 되던 무렵부터 한글과 영어, 한자를 읽었고, 다섯 살 때는 읽는 것뿐만 아니라 쓸 줄도 알게 되었어요. 여섯 살인 지금은 덧셈이나 뺄셈도 두세 자리 수까지 제법 하고요. 끼고 앉아 가르친 적은 없고, 아이가 물어볼 때마다 기본적인 것을 가르쳐준 정도입니다. 그런데 저희 아이를 아는 주변 사람들이 자꾸 영재 검사를 받아보라고 합니다. 아이에게 별다른 교육을 하고 있지 않다고 하니, 제가 아이를 방치하고 있는 것처럼 말하는 사람도 있어요. 혹시 이런 경우 영재 검사를 받아 보는 편이 좋을까요? 제가 정말 아이를 방치하고 있는 것은 아닐까 걱정이 되기도 합니다. 그리고 만약 정말 영재라는 결과를 받게 되면, 어떤 교육을 더 시켜야 할까요? 갈팡질팡하는 요즘입니다.

A.

아이가 영재인 것 같다는 느낌이 들면, 부모님들은 많은 생각을 하게 됩니다. 자랑스러운 마음과 함께 아이를 잘 키울 수 있을까 하는 걱정도 들지요. 그 전에 잠시만 생각해봅시다. 우리 아이가 영재 같다는 건 어떻게 알게 되셨나요? 대개는 부모가 그것을 느끼기 전에 주변에서 먼저 이야기를 하는 경우가 많습니다. 이때 그 이야기를 해준 상대가 누구인지가 중요한데요. 우리 아이와 비슷한 또래를 키우는 주변 엄마의 추천이라면 다시 한번 객관적으로 생각해볼 만합니다. 왜냐하면 주변 엄마의 입장에서는 자기 아이보다 조금만 더 일찍 말문이 트이고 글을 깨쳐도 영재인 것 같기 때문이죠.

그러나 영재 검사를 받도록 추천해준 대상이 학교 선생님이라면 검사를 해봐도 무방합니다. 선생님들은 매년 30명씩의 아이들을 일 년에 걸쳐 객관적으로 볼 수 있기 때문이죠. 같은 내용을 가르치더라도 정말 기발한 생각과 대답으로 선생님을 깜짝 놀래키는 친구가 있습니다. 수 과학 영역 또는 언어 영역에서 또래보다 탁월하다고 느껴지는 아이가 있지요. 이런 경우 대개는 '아이가 참 똑똑하다'고 생각하는 정도로 머물지만, 아주 가끔 정말 뛰어난 아이는 영재로 생각되어 부모님께 말씀을 드리기도 합니다. 그런데 이렇게 영재 검사를 권유하는 정도는 그 사례가 그리 많지 않기 때문에 선생님의 추천은 믿을 만하다 생각됩니다.

제가 가르쳤던 아이들 중에도 영재가 있었습니다. 영재를 둔 학부모님들의 반응은 두 가지로 나뉩니다. '아이의 특별한 영역을 확실히 밀어주겠다'라고 생각하는 분과 '우리나라의 교육 실정에 맞춰 기르겠다'라는 분으로 말입니다.

아이를 전적으로 밀어주었던 분 중에 특별히 기억에 남는 학부모님이 있습니다. 아이는 소위 말하는 '로봇 영재'였지요. 당시 아이는 4학년이었는데, 프로그래밍과 코딩 능력이 탁월했습니다. 시간이 날 때마다 레고로 작품을 만들며 놀곤 했는데, 중심 잡기 수행평가에서 자신의 레고와 톱니바퀴로 도르래의 원리를 이용한 기중기를 만들어내서 정말 깜짝 놀란 적이 있습니다.
아이의 실력이 남다르다 싶어 부모님께 말씀을 드렸더니, 부모님도 이미 아이가 영재라는 것을 알고 계시더라고요. 아이가 좋아하는 분야인 로봇이나 컴퓨터에 관한 모든 책과 수업들을 적극적으로 밀어주고 있었습니다. 그 당시 아이가 갖고 놀고 싶다고 해서 3D프린터를 사줄 정도였으니까요. 아이에게 다소 부족한 언어 영역은 부담 주지 않으려 노력하면서, 책 읽기와 독후감 쓰기 정도만 강조하고 계셨습니다.
그해에 아이는 당연히 영재학급 시험에 합격했고 영재학급 수료증들도 잘 모아가며 자신의 커리어를 쌓았습니다. 자기 스스로 말입니다. 그 뒤로도 들려오는 이야기는 대단했습니다. 관련한 모든 대회에서 수상을 휩쓸고, 시 대표, 도 대표, 우리나라 대표를 역임하며 어린 나이에 벌써 외국에 발표를 다니더라고요. 물론 모두 전액 지원으로 다니고 있었습니다. 어렸을 때부터 탁월하게 재능을 보여주고 부모님이 전폭 지지해준 경우입니다.
또 다른 사례의 아이도 있습니다. 이 아이 역시 틀림없는 영재였는데 영재학급은 근처에도 가지 않았던 친구였지요. 이미 5학년 때 『국부론』을 읽을 정도로 지식도 상당했고, 과학 토론 대회에서도 제시하는 근거 자체가 남다른 아이였습니다. 아이의 아버지는 대학 교수였는데, 아버지와 함께 식탁에서 나누는 대화 자체가 늘 토론이었지요. 사실 학급 내에서 대화를 나누기에 적합한 친구가 없을 정도였습니다. 그런 점 때문에 교우 관계에 어려움도 많이 느꼈지요.
그래도 부모님은 아이가 튀는 것을 원하지 않았습니다. 우리 아이만 특별하다고 느끼고 싶지 않다고 말씀하셨지요. 자신이 뛰어나 친구들 사이에서 어려움을 느낀다면 그것조차도 아이가 극복해내기를 바랐습니다. 사실 옆에서 볼 때 아이의 지적 호기심을 채워줄 수 있는 건, 그 아이 자신밖에 없다는 것을 시간이 지나서야 저도 깨달았습니다. 그 친구는 중학교까지 일반 중학교를 졸업했고, 그 뒤로 자신의 진로를 찾았다며 과학예술영재학교에 입학했습니다.
제가 말씀드리고 싶은 건, 두 아이 모두 '영재'였다는 것입니다. 저는 대학원 석사과정에서 특수교육의 일환으로 영재교육에 대해 배웠습니다. 흔히 영재라고 하면 상위 1퍼센트 정도의 아이들에 해당할 거라고 생각하기 쉬운데, 실제로 영재는 잠재적 영재까지 포함하여 상위 10퍼센트 정도의 학생을 의미합니다. 거기에 세부적으로 언어 영재, 수학 영재, 과학 영재, 미술 영재, 음악 영재, 체육 영재 등 각 분야별로 상위 10퍼센트의 아이들을 포함한다면 생각보다 영재로 불릴 수 있는 아이들이 꽤 많다는 것을 알 수 있습니다.
그러나 현실에서는 '진짜 영재'가 아닌 '그럴듯한 영재'가 너무 많습니다. 영재 교육 프로그램을 장사 도구로 이용하는 온갖 상술이 판을 치고 있기 때문입니다. 아이가 특정 분야에 제법 우수한 재능을 보인다고 해서 모두 영재인 것은 아닙니다. 아이를 영재로 억지로 키워내려다가 자칫 소중한 시간을 엉뚱한 길에서 헤매게 될 수 있습니다. 또한 특정 분야에 영재성을 키워주려다가 정말 도움이 필요한 다른 부족한 부분을 그냥 지나치고 있는 것은 아닌지도 생각해봐야 합니다.
만약 주변 부모들의 이야기가 아니라 학교 선생님 등 신뢰할 만한 교육 전문가로부터 영재 검사를 권유받았다면 진지하게 영재 교육을 준비해보는 것이 좋습니다. 현재 우리나라의 영재교육은 영재교육진흥법에 따라 영재학급, 영재교육원, 영재학교 등의 체계로 운영되고 있습니다. 학교 정규 수업 외에 개별로 추가 교육을 받는 형태로, 이 중에서 특히 교육청과 각 대학에서 부설로 운영하는 영재교육원(영재원)에 학부모님들의 관심이 높습니다.

영재교육기관에 들어가기 위해서는 각 기관별로 공고하는 선발 전형에 맞춰 준비를 해야 합니다. '영재교육기관 알리미'를 통해 영재교육기관을 검색

우리나라의 영재 교육 체계

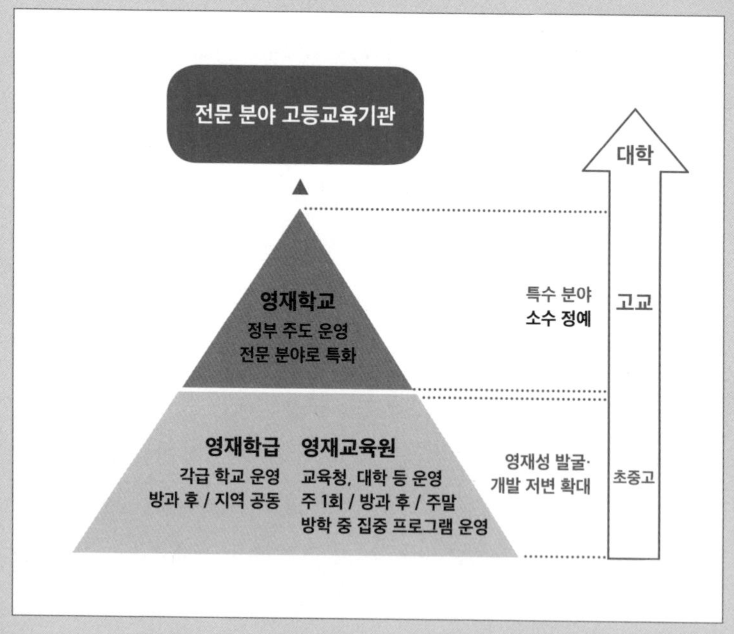

* 출처: GED 영재교육종합데이터베이스

하면 전국에 1,979개의 영재교육기관이 검색됩니다(2021년 2월 기준). 매년 영재 선발 공고가 이루어지며 각 학교에 협조 공문이 발송됩니다만, 관심이 있는 학부모의 경우라면 GED(영재교육종합데이터베이스)를 사전에 살펴보고 공고에 맞게 준비하는 것을 추천합니다. 아울러 담임교사의 추천 협조도 필요하기 때문에 학교 선생님에게도 미리 말씀드리고 협조를 구하는 것이 좋습니다.

PART 2

초등 저학년 과목별 최적의 공·사교육 밸런스

Chapter 3

국어

- 모든 과목의 기본 중의 기본

01

교실 속 국어 수업에서 가장 중요한 것 - 경청과 발표력

듣지를 않는 친구들이 있습니다. 아이들과 수업하면서 가장 힘들 때입니다. 앞에서 선생님이 설명하는데 듣지를 않습니다. 친구가 발표할 때도 듣지를 않지요. 자신의 이야기를 하는 데만 급급하여 상대가 했던 말인데도 듣지 않고 같은 이야기를 반복하거나 전혀 엉뚱한 대답을 합니다. 국어 과목에서 강조하는 의사소통 능력인 '대화와 공감', 즉 상대방의 감정에 공감하며 대화를 하는 것이 안 되고 있지요.

이런 친구들은 교육 영상 자료를 볼 때도 마찬가지입니다. 시각적으로 자극적인 것에 익숙한 아이들은 영상을 그저 눈으로 좇을 뿐, 조금이라도 설명이 나오면 듣지를 않습니다. 또는 영상의 주제가 무엇인지는 파악하지 못한 채 영상 속 사람들의 옷차림이나 배경 장소 등 전혀 엉뚱한 것에 초점을 맞춥니다.

모든 것은 '경청'에서 시작합니다. 수업을 제대로 듣지 않으면 당연히 공부를 잘할 수 없습니다. 제가 보았던 학습을 어려워하는 친구들의 대부분은 경청을 못한다는 공통점이 있었습니다. 국어 과목은 학습 능력과 가장 관계가 있습니다. 눈에 바로 보이지는 않지만 가장 밀접하게 영향을 끼치며, 국어 능력이 이후 영어 실력으로도 이어지지요. 국어든 영어든 듣고 말하기가 되어야 하기 때문입니다. 그런데 듣지를 않으니 말하기도 엉뚱하게 진행되지요.

초등학교 국어 과목에서 단연 눈에 띄게 개정된 내용은 '독서 단원'과 '연극 단원'입니다. 독서가 중요시되면서 교과서 속에 등장하는 문학 작품을 다 함께 읽는 '온 책 읽기'라는 활동이 진행되고 있습니다. 해당 학급의 모든 아이가 한 학기 동안 같은 책을 읽고, 독후 활동을 함께 진행하는 것입니다. 한 권의 책을 읽어도 아이들의 생각은 무척 다양하기 때문에 서로의 생각을 공유할 수 있는 자리가 필요하지요. 이 자리에서 역시 다른 친구의 이야기를 경청하는 아이는 사고가 확장됩니다. 다양한 생각을 비교하고 자신의 의견을 발표하면서 성장하는 것이지요.

잘 들어야 자신의 생각을 잘 말할 수 있습니다. 연극 단원 역시 수업 시간에 진행되고는 합니다. 아이들은 연극 수업을 통해서 자기를 표현하고 작품을 완성해야 합니다. 이때 역시 상대의 대화를 잘 듣고 그에 맞춰서 자신의 파트를 완성해야 하지요. 경청하고 말하는 것이 국어의 기본인 것입니다.

대부분의 부모님은 학교 가는 아이를 배웅하며 "선생님 말씀 잘 들어라" 하고 말합니다. 저는 진심으로 제가 말하고 있을 때 저를 쳐다보고 있는 아이들이 예쁩니다. 그 친구들은 상대방과 눈 맞춤을 하면서 상대의 이야기를 경청하고, 자신의 생각을 가지고 반응하기 때문입니다. 그래서 듣지 않고 있던 친구들은 국어 활동에서 질문을 해도 대답을 제대로 하지 못합니다.

아울러 발표력의 경우, 이것 때문에 속상해하는 부모님들이 많은데요. 공개수업 때 보면 열심히 발표하는 아이와 소극적이고 부끄러움이 많아 목소리조차 들리지 않는 아이가 티가 나기 때문입니다. 그러나 발표력은 길러질 수 있습니다. 초등학교 저학년 때는 아이들이 손을 들고 발표하는 것에 그다지 부끄러워하지 않습니다. 그런데 고학년이 되면 틀리는 것을 창피해하면서 점점 손 드는 횟수가 적어지지요.

반면 고학년 친구들 중에는 학급 분위기상 그만 발표해도 될 것 같은데 계속해서 하려는 친구들이 있습니다. 이런 친구들은 의도적으로 발표 기회를 적게 주기도 하는데, 그것을 불만스럽게 여기기도 합니다. 그렇지만 선생님의 입장에서는 되도록 모든 아이에게 고루 기회를 주어야 하니 어쩔 수 없는 부분입니다. 그 대신 선생님들은 발표에 소극적인 아이들에게도 발표 기회를 주려고 노력합니다. 그러니 내 아이가 너무 소극적이라 발표를 못 할까 봐 너무 걱정하지 않으셔도 됩니다.

다만 발표할 때 아이가 목소리를 크게 낼 수 있도록 도와주세요. 가령 발표할 때는 평소 목소리보다 크게 말해야 하는데 평상시 말하듯이 발표하는 친구가 있습니다. 조금 떨어진 자리에서는 전혀 들리지가 않지요. 또한 코로나 시대에는 마스크까지 착용하고 있기 때문에 더욱 큰 소리로 또박또박 말해야 들립니다. 특히 초등학교 저학년 아이들은 큰 소리로 또박또박 말하기만 해도 발표를 잘했다고 칭찬을 받습니다. 발표 수업에서는 자신 있는 발표 태도가 중요한 것이지, 대답이 맞았는가 틀렸는가는 부차적인 문제이기 때문입니다. 그러나 목소리가 작고 끝 소리가 뭉개지면 말을 알아듣기 위해 찡그리는 선생님 표정을 보고 아이가 '나는 발표를 못하는구나'라고 생각하기 쉽습니다.

발표 연습은 국어책을 가지고 거울 앞에서 큰 소리로 읽는 방법, 그 읽는 모습을 카메라로 찍어서 보여주는 방법, 마치 교실에서 발표하듯이 먼 거리에서 녹음해서 들어보는 방법 등이 있습니다. 이런 발표 자세는 조금만 수정해도 눈에 띄게 좋아질 수 있으니 꼭 시도해보세요.

잘 듣고 잘 말하는 친구는 국어 수업에서 눈에 띌 뿐 아니라 전체 학습에도 영향을 끼칩니다. 아이의 공부 자존감을 길러주고 싶다면 대화할 때의 모습을 계속해서 지도해주세요. 상대방의 이야기를 다 듣고 자신의 생각을 조리 있게 표현할 수 있도록 말입니다.

02

고학년 때 빛을 발할 어휘력과 독해력은 저학년에 쌓아야 한다

수업 시간에 집중하지 못하는 아이들의 대부분은 교과서를 읽고도 내용을 이해하지 못하는 경우가 많습니다. 기본적으로 어휘력이 부족한 것이지요. 초등학교 교과서는 학년별 수준에 맞춰 그 시기마다 알아야 할 어휘들이 등장합니다. 그러니 해당 시기에 학습하지 못한 어휘는 그대로 결핍되어 다음 학년에도 영향을 미칩니다.

저학년 때 부모님과의 상호작용이 활발하여 다양한 단어들을 접한 친구들은 수시로 "엄마, ○○이 뭐예요?"라고 물으며 자신들만의 언어로 어휘 사전을 만들지요. 또한 책을 많이 읽어놓은 친구들 역시 새롭게 나오는 어휘가 있을 때마다 사전을 찾아 정리하거나 앞뒤 문맥을 통해 조금씩 체득합니다. 따라서 이런 친구들은 해당 학년에 교과서를 읽을 때 한두 개의 어려운 단어가 있을 뿐 크게 막힘이 없습니다. 그러나 그런 상호작용과 독서가 부족한 친구들은 고학년이 되면 교과서의 페이지를 읽을 때마다 질문하기 시작합니다. 그러고는 이내 학습하고자 하는 의지를 놓아버리지요. 이는 국어 시간뿐만 아니라 관련되는 모든 학습에서 비슷한 양상을 보입니다.

실제로 진로검사를 실시하는 동안에도 마찬가지입니다. 초등학교 고학년이지만 어휘가 부족한 친구들은 계속해서 막히는 단어가 나올 때마다 질문을 던집니다.

"선생님, '벼락치기'가 뭐예요?"

"'묵묵히'는요?"

"'좌절감'은요?"

"'도표'는요?"

이렇게 문항마다 질문을 하니 시간 내에 풀 수 없는 것은 물론이고, 아이의 집중도도 떨어지지요. 특히나 실제 시험 상황처럼 질문을 할 수 없는 경우에는 당연히 문제를 풀려는 의지는 사라지고 찍을 수밖에 없습니다.

이렇게 부족한 어휘력은 독해 능력까지 저하시킵니다. 예를 들어볼까요?

"나는 공부할 때 ________을 느낀다."

이 문항의 객관식 보기에는 번호별로 다양한 단어들이 있습니다. 1번은 즐거움, 2번은 지루함, 3번은 뿌듯함 등등 말이지요. 각각의 단어들을 빈 칸에 넣어보고 그중에서 자신에게 가장 적합한 항목을 고르면 되는 단순한 문제인데, 독해 능력이 떨어지는 아이들은 자신이 모르는 단어에만 집착합니다. 그러고는 큰 틀에서 봐야 하는 문항 자체를 이해하지 못해서 계속 질문하지요.

"이거 어떻게 푸는 거예요? 저는 1, 2, 3, 4, 5번 아무것도 해당 안 되는데요."

이렇게 말입니다. 가끔씩 하나하나 해석을 해주다 보면 이건 단순히 해당 학년의 학습 부진이 아니라 누적되어온 어휘력 부족이라고 결론이 나는 경우가 많습니다.

초등 고학년 때는 아이들별로 어휘력에서 차이가 많이 납니다. 그리고 고급 어휘를 이해하고 사용하는 친구들이 눈에 띄기 시작하지요. 당연히 이런 친구들은 부모님과의 상호작용이 원활하고, 책을 즐겨 읽는다는 공통점이 있습니다. 효과가 즉각적으로 눈에 보이는 않더라도 초등학교 저학년 때 아이와 많은 대화를 나누고 독서를 강조해야 하는 이유입니다. 그리고 이런 내적인 힘은 처음에는 국어에서 나타나지만 고학년이 될수록 다른 과목과 다른 활동에서 두드러지게 차이가 나타납니다.

실제로 언어가 발달한 친구들은 유아기부터 다릅니다. 어휘 습득이 빠르고 활용도 잘하지요. 그리고 대부분 옆에서 끊임없이 대화를 나누어주고 아이의 언어를 다시 한번 확인해주는 부모님의 역할이 잘 되고 있는 것이 보입니다. "응, 이럴 때 뿌듯했구나. 우리 ○○이가 혼자서 끝까지 포기하지 않고 정리해서 뿌듯했어요"라며 아이가 한 행동과 그에 따른 결과들을 어휘를 통해서 정리해주고는 하지요.

그러나 부모님 중에서도 이런 대화를 어려워하는 분들도 있습니다. 아이의 감정을 읽어주는 대화를 낯간지러워하거나 무뚝뚝한 성격이어서 아이와 대화를 자주 나누지 않는 경우도 있지요. 그런 분들이라면 책을 읽어주며 대화를 시도해보는 방법도 좋습니다. 아이에게 책을 읽어준 뒤, 아이가 질문하는 것에 대답을 해주면서 계속해서 어휘를 늘려가는 것이지요.

이렇게 보내야 할 유아기를 놓치고 초등학교 저학년이 되어서 아이의 부족한 어휘력을 걱정하는 부모님이 많습니다. 간혹 그런 부모님 중에 "아이에게 어휘력과 독해력 문제집을 풀게 하는 게 좋을까요?" 하고 질문하는 분들도 계십니다. 독서를 통해 조금씩 어휘력을 쌓아가기에는 이미 늦었다고 생각하는 것이지요. 그러나 아직 늦지 않았습니다. 그러니 꾸준히 아이와 상호작용을 하며 독서를 진행해주세요.

그리고 어휘 문제집도 추천합니다. 시중에는 부담 없이 하루 한 장으로 풀 수 있는 '어휘 크로스퍼즐 문제집'부터 게임처럼 학습할 수 있는 문제집들이 많습니다. 우리가 영어 공부를 할 때도 다양한 크로스퍼즐과 워드 서치Word Search(숨겨진 영어 단어 찾기 게임), 스펠링 게임 학습지를 푸는 것처럼, 국어에 있어서도 아이들이 어휘를 많이 쌓을 수 있도록 다양한 방법을 시도해보는 것이 좋습니다.

독서와 더불어 이러한 학습 도구를 활용해서 부담 없이 하루 한 장씩 풀도록 해보세요. 여가 시간에는 가족들과 함께 끝말잇기 놀이를 하는 것도 어휘력을 늘리는 좋은 방법입니다. 어휘가 부족하지 않아야 생각하는 힘이 끊기지 않을 수 있고, 독해를 하고 싶다는 의지가 생깁니다.

03

교실에서 본 아이들의 국어 실력 차이, 이유가 뭘까?

교실에서는 여러 아이들을 지도하다 보니 아이들의 차이가 확연하게 보입니다. 초등학교 저학년 때까지만 해도 아이들의 국어 실력 차이는 크게 나타나지 않지만 고학년이 될수록 이 차이는 벌어지지요.

저학년 때는 학습 내용도 쉽고 사용하는 어휘도 쉽습니다. 고학년이 되면 학습 내용과 지문도 어려워질뿐더러 제시되는 어휘도 어려워지지요. 초등학교 3학년부터 제시되는 국어사전 이용법은 이런 이유 때문입니다. 이때부터는 본격적으로 국어사전을 이용해 폭발적으로 어휘를 습득해야 하는 것이지요. 이때 독서, 사전 찾기, 부모님과의 단어 게임, 어휘 문제집 등을 통해 어휘력을 탄탄하게 다져온 아이는 지문을 쉽게 읽어냅니다. 그리고 자신의 생각과 의견을 적어내는 데 막힘없이 단어를 떠올리지요.

초등학교 저학년 때는 실수도 귀엽게 용납이 됩니다. 가령 공개수업을 할 때 아이가 "개구리가 펄럭펄럭 뛥니다"라고 발표를 해도 부모님과 선생님, 학생들 모두 웃으며 넘길 수 있지요. 틀려도 얼마든지 괜찮은 시기입니다. 그러나 초등학교 중학년이 되면서부터 아이들은 틀릴까 봐 걱정하고 발표를 하려 하지 않습니다. 모르는 게 있어도 모른다고 물어보는 친구도 거의 없지요. 한 반에서 한두 명 정도 모르는 게 있으면 질문할 뿐, 대부분의 아이들은 몰라도 아는 척하고 있습니다.

심지어 중학년 이상의 아이들은 모르는 단어가 나와도 아는 척하고 있습니다. 이러니 국어 실력이 오르지를 않지요. 시간이 지날수록 모르는 것들이 쌓여만 갈 뿐입니다. 가장 기본적인 학습 도구로서의 국어 실력이 발전하지 않으니 이것이 학업 격차로도 이어집니다.

두 번째 국어 실력 격차의 원인은 집중도의 차이입니다. 학년이 올라갈수록 점점 더 길어지는 지문을 끝까지 집중해 읽는 능력, 상대방의 이야기에서 사실과 의견을 구분하며 끝까지 듣는 능력, 방금 누군가가 발표한 것을 기억하고 보완하거나 중복 발표를 제외하는 능력 등은 계속해서 집중을 요구합니다. 그러나 이런 집중 훈련이 되지 않은 친구들은 금세 지치고 말지요. 이런 집중 훈련은 조금씩 늘려야 합니다. 초등학교의 각 수업 시간이 40분인 이유, 중학교는 45분, 고등학교는 50분, 대학생은 100분인 이유가 있습니다. 조금씩 한 번에 집중해야 하는 시간을 늘리는 것이지요.

물론 정말 집중을 잘하는 친구들이어도 한 번에 40분은 긴 시간입니다. 따라서 유아기 때부터 5분, 10분, 15분, 20분씩 집중하는 시간을 늘리는 연습을 해야 합니다. 최소한 초등학교 저학년 때는 20분은 집중하고 수업할 수 있도록 입학 전에 준비를 해봐야 하지요. 이를 위해서는 어렸을 때부터 엉덩이 힘을 키워야 합니다.

엉덩이 힘을 키우기 위해서는 유아기 때 부모님과의 무릎독서를 통해 한 번에 지속해서 책 읽는 시간을 늘리는 연습을 하는 것이 좋습니다. 한 권의 책을 5분 동안 읽고, 다음 번에는 점차 책의 권수와 시간을 늘려보는 것이지요. 그리고 점차 부모님과의 무릎독서에서 '혼자서 책상 앞에 앉아 책 읽기'로 유도하여 스스로 집중하는 힘을 길러주는 것이 좋습니다.

1학년은 '바르게 앉아 있기' 자체가 안 되는 경우가 많습니다. 수업 중인데 돌아다니거나 선생님한테 하고 싶은 말이 있다면서 앞으로 튀어나오는 경우도 많지요. 앉아서 몸을 배배 꼬거나 엉덩이가 들썩거리는 아이, 필통에서 물건을 꺼내어 인형놀이를 하는 아이 등 20분 집중하기도 정말 어려워하는 아이들이 의외로 많습니다.

여기서 잠깐, 수업은 40분인데 왜 '20분 집중'을 강조하는지 궁금해하는 분들도 있을 겁니다. 왜냐하면 대체로 초등 수업의 경우,

40분 중에서 앞의 20분은 수업 활동을 소개하는 시간이고, 뒤의 20분이 아이들이 활동을 진행하는 시간이기 때문입니다. 특히 저학년의 경우 아이들의 집중 가능 시간을 고려하여 처음부터 끝까지 교과서를 설명하며 집중을 바라지 않습니다. 최대한 아이들의 집중이 흐트러지기 전인 20분 동안 수업 활동을 충실히 소개하려고 하지요. 아이들이 이 20분을 얼마나 집중하느냐에 따라 이후 진행되는 활동을 수월하게 하게 됩니다.

이처럼 가장 기본적인 설명 시간인 '수업 시작 후 20분 동안' 집중하지 못하는 친구는 실력이 높아지기가 어렵습니다. 계속해서 학습 격차를 만들어낼 뿐이지요. 따라서 국어뿐만 아니라 다른 과목에서도 실력 있는 아이로 키우고 싶다면,

첫째, 모르는데 아는 척하고 있지 않도록

둘째, 20분씩 집중하는 엉덩이 힘을 길러주세요.

04

유아기부터 저학년까지 쌓아놓은 '무릎독서'의 힘

유아 때부터 눈에 띄는 아이들이 있습니다. 어디서 저런 단어를 접한 것인지 또래보다 수준 높은 어휘와 문장을 구사하지요. 이런 아이들 중에는 언어 감각을 타고난 아이들도 있지만, 부모님이 일상생활에서 꾸준히 다양한 단어를 접하게 해준 덕분인 경우가 많습니다.

아이가 옹알이를 시작하는 그 순간부터 계속해서 아이의 말에 반응을 보여주고 눈 맞춤을 지속하며 책을 읽어준 경우에는 시간이 지날수록 '어휘력 아웃풋output'이 빠르게 나타나지요. 이른바 제가 강조하는 '무릎독서 인풋input'입니다.

무릎독서, 잠자리 독서는 유아기부터 저학년까지 꼭 해주시기를 추천하는 독서 방법입니다. 아이가 좋아하는 책을 골라 오도록 하고 눈 맞춤을 하면서 책을 읽어주는 것만큼 아이에게 달콤한 순간은 없습니다. 아이가 책을 여러 번 반복하여 읽다가 아예 내용을 외워서 따라 읽는 순간, 한글을 알게 되면서 더듬더듬 읽어나가는 도전의 순간은 아이의 국어 실력뿐만 아니라 전반적인 학습 능력과 태도를 기를 수 있는 결정적 순간입니다.

매년 학교에서는 기초 부진 학생을 선발합니다. 읽고 쓰고 셈하는 '3R(읽기Reading, 쓰기wRiting, 셈하기aRithemetic) 능력'뿐만 아니라 교과 부진 학생을 찾아내지요. 단 한 명도 포기하지 않는 담임 책임제를 실현하기 위해 학교와 교육지원청에서도 막대한 예산을 제공합니다. 제가 학력 향상 업무를 맡았던 때를 돌이켜보면, '사교육 없는 학교', '기초학력 향상' 등을 표방하며 매년 수천만 원의 예산을 지원받아 전문 강사를 선발하고 방과 후 프로그램을 짜는 등 기초 부진 해소를 위해 부단히 노력했지만 늘 한계에 부딪혔습니다.

이 아이들은 공통된 특징이 있었습니다. 바로 어렸을 때 언어 인풋이 너무 적다는 것이었습니다. 부모님이 너무 바빠 아이와의 대화나 독서에 많이 신경 써주지 못한 경우, 혹은 '때가 되면 알아서 읽을 수 있겠거니'라고 지나치게 여유롭게 생각한 경우, 반대로 아이가 한글을 빨리 깨쳐서 오히려 걱정을 전혀 하지 않은 경우에도 언어 인풋이 부족했습니다. 다시 말해 무릎독서 경험이 너무 부족한 아이들은 구제하기가 너무 어려웠습니다.

단적인 사례로, 아이들에게 어떠한 상황을 들려주고 "이와 비슷한 예를 적어보세요"라는 과제를 주는 경우를 떠올려보세요. 초등학교 저학년이라면 직접 경험한 예가 없더라도, 전래동화나 세계명작동화 등 책을 통해 접한 간접 경험의 예를 빠르게 떠올려낼 수 있어야 합니다. 그러나 이런 친구들은 직접 경험도 부족할뿐더러 독서를 통한 간접 경험도 부족하다 보니 짧은 글쓰기도 무척 힘들어합니다.

사실 요즘에는 어린이집과 유치원에서 매주 한두 권씩 책을 빌려주고 다양한 독후 활동을 진행하는 곳이 많습니다. 다시 말해 초등 저학년 아이들의 대부분은 유아동 시기에 기관에서 독서와 독후 활동을 해본 경험이 충분히 있는 것입니다. 그런데 왜 초등학교에서는 책 읽기와 짧은 글쓰기가 전혀 안 되는 친구들이 나타나는 것일까요? 이유는 딱 하나입니다. 부모님의 무릎독서가 병행되지 않았다는 것이지요. 계속해서 책을 읽어주고 책과 관련한 대화를 나눠보는 자극이 없었으니 이런 친구들은 문맥을 읽어내지 못하고 글쓰기도 어려워합니다. 기초학력의 기본은 '읽고, 쓰고, 셈하기'인데, 읽고 쓰는 것 자체가 안 되니 학습을 기대하기도 어렵습니다.

다시 한번 당부드리지만, 유아기부터 무릎독서를 매일 3권씩 진행해주세요. 그리고 유아기 때 못했다면 초등학교 저학년 때라도 꼭 해주시길 부탁드립니다. 교육 현장에 있으면서 너무나도 안타까웠던 아이들, 시간을 되돌릴 수만 있다면 무릎독서를 조금만 하고 왔다면 이렇게 힘들어하지 않았을 아이들을 많이 보았습니다. 아이의 언어와 국어 실력이 부족하다고 느껴지는 분들은 최대한 빨리 아이에게 책을 읽어주세요. 시간이 지날수록 더욱 크게 나타나는 무릎독서의 힘을 느끼기 바랍니다.

05

스마트폰 대신 책으로 노는 아이 만들기

우리 아이는 틈이 날 때 스마트폰을 가지고 노는 아이인가요, 아니면 책으로 노는 아이인가요? 예를 들면 식당에서 식사를 마치고 기다려야 하는 상황일 때, 병원에서 진료를 기다릴 때, 커피숍에서 어른들의 대화를 기다리는 상황일 때, 여행지에 오고 가는 틈새 시간에 우리 아이 손에는 여분의 책이 있는지 궁금합니다.

잘 생각해보면 우리가 책을 준비조차 하지 않았을 수 있습니다. 사실 아이가 더 어렸을 때는 차를 타고 이동하거나 할 때, 아이가 심심해하지 않도록 장난감이나 소리 나는 책 같은 것을 준비해 다녔습니다. 그런데 왜 아이가 좀 더 커서는 책을 준비해 다니지 않는 것일까요? 맞습니다. 실제로 책을 좋아하는 아이들은 부모님이 늘 아이들 책을 준비하는 경우가 많습니다. 아이들이 책을 읽든 아니든 일단 늘 곁에 책이 눈에 띄도록 가지고 다니는 것이지요. 그리고 아이가 심심해하면 자연스레 책을 권합니다. 그렇게 책을 일상 속에서 자주 접해야 합니다. 왜냐하면 한 번 자극적인 영상에 빠진 아이는 계속해서 영상을 찾게 되어 있습니다. 재미나기 때문이죠. 머릿속 회전과 고민 없이 바로바로 다음 영상을 보여주는 스마트폰은 저희가 봐도 쏙 빠져들잖아요. 그런데 아이들에게 "이제 그만! 스마트폰 이리 내!" 하고 말해도 이미 뇌의 전두엽이 미디어에 과다하게 노출된 상황에서는 통제하기가 어렵습니다. 악순환이 되풀이될 뿐이죠.

처음부터 책을 좋아하는 친구는 많지 않습니다. 그래서 유아기부터 저학년까지 부모님의 끈질긴 시도가 무척 중요합니다. 아이가 관심 갖는 책으로 유도해서 조금씩 글밥이 많은 책으로 이끌어내야 하는 것이지요. 그리고 스마트폰 사용은 아무리 길어도 한 시간을 넘기면 반드시 그만하도록 해야 합니다. 또한 되도록이면 화면이 작은 스마트폰보다는 텔레비전으로 연결하거나 컴퓨터로 보도록 해주세요. 아이의 시력이 나빠질 뿐만 아니라 엄지 및 손목 관절 통증, 거북목 등 다양한 질환이 생길 수 있습니다.

제가 아는 부모님 중 한 분은 아이가 5~6세 무렵 책을 거부하는 것이 느껴졌다고 합니다. 그럼에도 끈질기게 무릎독서, 잠자리 독서를 병행했지요. 집안 곳곳에 책을 놓아두는 작은 바구니를 마련해두기도 했습니다. 심지어 조금 긴 여행을 떠날 경우에는 책 대여 서비스를 이용해서 숙소에 책을 빌려두기까지 했습니다. 여행지 숙소에서 할 게 없었던 아이들은 시간이 날 때마다 책을 보았습니다. 그렇게 아이의 습관을 잡아서 돌아오더라고요.

아이가 정보를 스마트폰에서 찾게 하지 마시고 우선 책에서 찾도록 해주세요. 특히나 초등학교 저학년의 경우는 조사 활동이 동물, 식물, 주변 시설물 등 책으로 찾기 충분한 내용들입니다. 반대로 미리 책을 통해 읽었던 내용이 학습 과정에서 나오면 아이들은 자신들이 모든 걸 아는 것처럼 손을 들고 반갑게 발표하고 싶어서 의욕이 불타오릅니다. "이런 것까지 어떻게 알았니?"라고 묻는 질문에 "책에서 봤어요"라고 답하는 아이들의 당당한 표정은 제가 교직생활을 하면서 모두 같았습니다.

반면 스마트폰을 통해 지식을 얻거나 영상을 많이 본 친구들은 학교 수업에서도 영상을 볼 때와 반응이 비슷합니다. "헐, 대박, 안물, 냐하" 등 자신들만의 언어를 쓰면서 반응하지요. 질문에 대한 답을 찾기 위해 영상을 보는 것이 아니라 영상 자체에 몰두하다 보니 영상을 시청한 후 관련 문제를 내도 기억하지 못하는 경우가 많습니다. 그저 영상을 보고 흘린 것이지요. 더 강한 자극의 영상을 원하고요.

따라서 무겁고 불편하고 힘들더라도 우리가 먼저 책을 챙겨야 합니다. 아이 앞에서 일부러라도 자주 책 읽는 모습을 보여주고, 책

장도 꾸며놓고, 언제든 쉽게 책을 집어 들 수 있는 환경을 조성해야 아이들이 스마트폰이 아닌 책을 가지고 놀 수 있습니다. 그리고 책 읽는 습관은 학년이 올라갈수록 점점 더 잡기 어렵다는 것을 꼭 기억하세요.

초등 저학년 독서 습관 체크리스트

문항	5점	4점	3점	2점	1점
일주일 중 책을 읽는 날은 얼마나 되나요?	5일 이상	3~4일	2일	1일	없음
하루에 책을 읽는 시간은 얼마인가요?	2시간 이상	1시간 이상	1시간 이내	30분 이내	10분 이내
아이가 특별히 좋아하는 책이 있나요?	매우 많음	10권 이내	5권 이내	1권	없음
서점이나 도서관에 가는 것을 즐거워하나요?	매우 즐거워함	즐거워함	보통	싫어함	매우 싫어함
전체 독서 중 학습만화는 얼마나 보나요?	읽지 않음	10권 중 1권	10권 중 2~3권	10권 중 4~5권	10권 중 5권 이상
책을 읽고 자신의 느낀 점을 말할 수 있나요?	매우 잘 말함	대체로 말함	가끔 말함	물어보면 말함	말하지 않음
책을 읽고 3줄 이상 독서록을 쓸 수 있나요?	매우 잘함	잘함	보통	잘 못함	매우 어려워함
그림책 한 권을 혼자 소리 내어 또박또박 읽을 수 있나요?	매우 잘함	잘함	보통	잘 못함	매우 어려워함

* **40~31점:** 매우 우수, **30~21점:** 우수, **20~12점:** 보통, **11점 이하:** 심각

초등 저학년 3R(읽기, 쓰기, 셈하기) 진단법

'단 한 명도 포기하지 않는 교육' 들어보셨나요? 실제로 기초 부진 해소는 교육 현장에서 가장 중요한 부분입니다. 그러나 나랏님도 구제하기 어려운 것이 기초 부진이라고도 합니다. 왜일까요? 가장 기본적인 '3R'이 되지 않기 때문이지요. 3R이란 '읽기(Reading)', '쓰기(wRiting)', '셈하기(aRithemetic)' 능력을 말합니다. 읽고 쓰고 셈하는 가장 기초적인 학습 능력이지요.

이 능력은 학교 및 일상생활이 원활하게 이루어질 수 있도록 하는 가장 기초적인 능력입니다. 그러나 지능의 문제, 건강상의 문제, 가정에서의 문제, 개인적 특성 등과 관련하여 기초 학습이 떨어지는 경우가 있습니다. 이렇게 되면 고학년이 될수록 학습 결손이 심해지기 때문에 교육부에서는 적극적으로 기초 부진 해소를 위해 예산을 지원하고 있습니다.

각 학교에서는 매년 3월이 되면 기초 부진과 교과 부진을 확인하기 위해 진단평가를 진행합니다. 초등학교 1학년에서는 한글을 읽고 이해하는 능력이 떨어지는 학생, 난독증 학생을 중점적으로 지원합니다. 그리고 초등학교 2학년에는 국어, 수학 진단을 실시합니다.

본격적으로 교과 수준이 높아지는 초등학교 3학년 때는 바로 이 3R을 점검합니다. 3R의 진단평가는 보통 25개 문항 정도가 주어지며, 100점 만점 중에서 60점 이상이 되면 통과되는 시험이라고 생각하시면 됩니다.

이 3R은 평등한 교육 출발선을 보장하기 위한 것이라서 가장 중요한 첫 시험이라고도 할 수 있습니다. 이 시기에 기초 학력이 구제되지 않으면 이후 고학년 때의 학습은 물론이고, 성인이 되어서도 일상생활에 어려움을 겪을 수 있으니 초등 저학년까지 적극적으로 갖추어야 할 능력입니다.

초등학교 추천도서 목록을 꼭 봐야 할까요?

Q.

아이가 <WHY>나 <WHO> 같은 학습만화 책을 좋아하는데, 초등 3학년에 들어가는 올해부터는 글이 좀 더 많은 책을 읽히고 싶습니다. 그런데 갑자기 글이 많은 책을 읽히면 부담스러워할 것도 같아요. 이런 경우에 아이 취향에 맞춰 책을 고르게 하는 것이 좋을 것 같다가도, 한편으로는 부모 욕심에 이왕이면 지금 시기에 적절한 좋은 책을 읽히고 싶기도 합니다. 추천도서 목록에서 하나씩 읽히는 것이 좋을까요? 아니면 아이의 취향에 맞춰 개별적으로 책을 고르는 것이 좋을까요?

A.

예전 학교에서는 학기가 시작되면 안내장에 학년별 추천도서 목록을 제공하고는 했습니다. 그러나 요즘은 점점 추천도서 목록이 줄어들고 있는 추세지요. 어린이 책이 워낙 다양해지기도 했고, 아이들마다 독서 수준이 너무나도 다르다 보니 모두를 만족시킬 만한 추천도서 목록을 만들기가 어려운 이유도 있습니다.

따라서 해당 학년에서의 수준에 적합한 추천도서를 보고 싶다면 교과서 수록 도서, 즉 교과 연계 도서를 살펴보세요. 실제로 교과서를 보면 가장 뒤편에 '실린 작품'이라고 하여 수록 작품을 소개하는 페이지가 있습니다. 이 작품들이 곧 해당 학년 아이들을 위한 추천도서가 되는 것이지요.

아이들별로 학년에 제시된 작품이 술술 읽히는 아이와 그렇지 않은 아이가 있을 수 있습니다. 따라서 예전처럼 추천도서를 일괄로 제시하는 건 의미가 없다고들 합니다. 어차피 제공해주어도 어릴 때 자신의 관심 밖이면 읽지 않는다는 것입니다.

그러나 때때로 점검해주어야 할 아이들도 있습니다. 예를 들면 무릎독서가 많이 된 친구들은 어렵지 않게 해당 학년 수준의 책을 읽지만 그렇지 않은 친구들은 자신의 학년과 맞지 않는 책을 고르지요. 5학년 반 아이 중에도 『빨간모자』나 『은혜 갚은 두꺼비』 같은 동화책을 가지고 독서록을 쓰는 친구가 있었습니다. 이건 초등학교 저학년 때 읽을 법한 글 양이 적은 그림책입니다. 따라서 이런 경우에 부모님은 학년 수준에 맞는 책을 다시 추천해야 합니다. 교과서 수준에 적합한 추천도서에 의거해서 말이지요.

종종 "선생님, 추천도서 목록 주세요"라고 요청하는 아이들도 있습니다. 저는 그럴 때 아이들에게 yes24나 교보문고 등 온라인 서점 사이트를 보여주고는 합니다. 특히 yes24의 경우는 매년 '어린이 독후 활동 대회'를 개최하는데, 학년별로 올려진 다른 친구의 도서 목록과 독후 내용을 보는 것은 무척 도움이 됩니다. 웅진북클럽에서는 '예비 초등학생을 위한 추천도서', '미리 읽는 교과 연계 도서' 등 여러 가지 목록을 제공하고 있기도 하지요.

또한 한국어린이출판협의회나 학교도서관저널 도서추천위원회 등의 기관에서 주기적으로 발행하는 추천도서 목록집을 참고할 수도 있습니다. 이러한 목록집에서는 학년별, 영역별, 교과 연계 내용별로 간단한 설명과 책 표지를 제공해주기 때문에 책을 고르기 쉽습니다.

추천도서 목록을 이용하는 이유는 해당 학년에 적합한 책을 읽는 목적, 그리고 한 영역으로만 편중되게 읽지 않도록 예방하는 차원입니다. 따라서 다양한 책이 소개되는 목록집을 준비해두고, 독서 기록 앱을 활용하여 우리 아이의 독서 상태를 확인해나간다면 아이가 고르게 책을 읽는지 점검할 수 있어 효과적입니다. 어릴 때는 '책 100권 읽기'가 목표일 수 있고, 이후에는 '과학 영역 책 20권 읽기' 또는 '초등 고전 10권 읽기' 등으로 목표를 수정해나갈 수 있습니다. 그리고 아이의 관심사가 한정되어 있다면 해당 내용의 책들로 계속해서 읽어나갈 수도 있습니다.

다만 초등학교 저학년 시기에 아이들이 학습만화에만 빠지거나 더 이상 글밥을 늘려갈 생각을 하지 않는다면 부모님들이 교과 도서에 의거해서 조금씩 아이의 책 로드맵을 만들어나가 주세요.

추천도서 목록 없이 아이의 독서 로드맵을 구성하는 게 어려울 때는 우선 '교과 연계 도서를 위주로 읽힌다'는 것만 잊지 말아주세요. 해당 학년 교과서 맨 뒤쪽에 나와 있는 '실린 작품'을 참고하면 됩니다.

Chapter 4

영어

- 아웃풋이 시작되는 초등 영어

01

교실 속 영어 수업에서 가장 중요한 것, 흥미와 참여도

오랜 영어 전담의 경력을 가지고 있는 저는 영어 수업을 할 때마다 첫 시간에는 꼭 다음과 같은 이야기를 합니다.

"학원에서 영어 레벨이 아무리 높아도 선생님은 알 수가 없습니다. 선생님은 수업 시간에 보이는 여러분의 모습에 따라 평가할 뿐입니다."

실제로 몇몇 아이들은 자신의 영어 실력이 높다는 이유로 초등학교 3학년에 시작되는 영어 수업을 무시하는 경향이 있습니다. 선생님이 쉬운 챈트나 노래를 할 때, 또는 평가에서 간단한 회화가 나올 때 더욱 그러하지요. 파닉스를 미리 배운 친구들은 옆에 친구가 단어 철자를 틀리거나 제대로 읽지 못하면 그것도 모르냐며 으스

대기도 합니다.

그러나 이런 친구들이 수행평가를 모두 잘 받는 것은 아닙니다. 말 그대로 영어 수업에 참여하는 태도가 평가되기 때문이죠. 이미 영어 성취 기준은 간단하기 때문에 사실 선생님은 수업에 흥미를 가지고 적극적으로 참여하는 아이를 더 좋게 평가할 수밖에 없습니다. 특히나 영어 교육과정 중에 있는 'Role Play(역할 놀이)' 역시 간단한 영어 문장들을 반복하며 수업이 진행되기 때문에 영어를 유창하게 구사하는 아이, 발음이 아주 좋은 아이뿐만 아니라 열심히 문장을 외우고 성실하게 하는 친구도 매우 잘함을 받을 수 있습니다.

02

초3 영어, 쉽다고 안심해도 될까?

네, 초등 3학년 영어는 쉽습니다. 이미 어느 정도 영어로 선행을 마친 아이들의 학부모님은 교과서를 보면서 안심하고는 합니다. 그러나 다음의 두 가지를 꼭 점검해주셔야 합니다.

첫 번째는 아이가 수업이 너무 쉽다면서 선생님 말씀을 안 듣고 "에이, 저 그거 알아요"를 반복하고 있는지 살펴봐주세요. 아이들을 지켜보면서 느꼈던 점은, 영어유치원과 화상 영어 등으로 이미 배웠다며 빼기는 친구들은 오래가지 못했습니다. 마지막까지 성장하면서 매우 잘함을 받던 친구들은 한결같이 수업에 적극적으로 참여하는 좋은 태도의 아이들이었습니다. 이미 알고 있는 내용이지만 선생님의 수업에 참여하는 것, 자신보다 못하는 친구가 있으면 도움을 주면서 이끌어나가는 친구가 성장했지요.

교실 속 영어 수업에서 가장 중요한 것은 영어를 처음 시작하는 목표처럼 흥미를 가지고 참여하며 의사소통 능력을 향상하는 것입니다. 따라서 의사소통 능력을 향상시키기 위해서는 수업에서 적극 참여하며 상호 소통해야 합니다. 내가 잘한다는 것만 내세워서는 좋은 피드백을 전혀 받을 수가 없기 때문입니다.

두 번째는 아이가 제대로 알고 있는지를 확인하는 것입니다. 예를 들면 파닉스도 정확히 알도록 합니다. 많이 듣고 많이 보면 알아서 깨칠 거라는 건 저는 공감하지 못합니다. 그렇게 하려면 이중언어를 쓰는 집처럼 가정에서 끊임없이 영어를 써야 합니다. 그러나 현실적으로는 그렇게까지 영어 인풋을 많이 주지는 못하지요. 이런 상황에서 아이가 모국어를 깨치듯이 영어 파닉스를 깨치리라 기대하면 안 됩니다. 한 번 정도는 파닉스 교재로 꼼꼼히 다지면서 아이가 다시 한번 도약할 수 있는 기회를 제공해주어야 하지요.

마찬가지로 아이가 대답하는 것이 반복 훈련에만 의한 것인지도 점검해보아야 합니다. 간단한 묻고 답하기이기 때문에 아이는 기계적으로 대답할 수 있습니다. 어떻게 문장이 쓰여 있는지, 다른 어떠한 상황에서 쓸 수 있는지, 이 문장이 정확히 어떤 뜻인지도 모른 채로 기존 패턴 드릴에만 맞춰서 사용하지요. 자연스럽게 익히는 것이 요즘 영어 교육 추세 아니냐고 한다면 저도 부정하지는 않겠습니다. 그러나 이렇게 학습한 친구들의 문제는 빠르면 초등학교 5

학년, 늦으면 중학교 때 나타납니다. 제대로, 정확하게 배우지 않았다는 구멍이 보이기 시작하지요.

영어를 많이 읽고 듣고 써서 자연적으로 익히게 해주시려면 매일 듣기, 흘려듣기, 집중 듣기, 영어 글쓰기, 영어 말하기 등의 시간을 사용해야 합니다. 그렇지 않고 막연하게 '영어 선행을 하고 있으니 해당 학년 영어 수업에는 문제가 없을 거야'라고 생각한다면 초등 5학년부터 흔들리기 시작할 것입니다. 대형 영어 학원으로 옮기려는 그 시점이 되었을 때 착실하게 기본기를 다지면서 학습해온 친구와 아닌 친구가 극명하게 나누어지기 때문이지요.

물론 크게 신경 쓰지 않았어도 두뇌가 명석하고 언어적 감각이 있는 친구들은 타고난 유전자 덕분에 하나하나 유심히 영어 학습을 해온 것이라서 좋은 평가를 받기도 합니다. 그리고 레벨 테스트에서 부족한 점을 메우기 쉽습니다. 그러나 자신의 영어 선행을 믿으며 기계적으로 대답해온 아이들은 다시 처음부터 차근차근 밟아야 하지요. 수행평가의 성취 기준은 너무나 쉽습니다. 단순히 평가 결과로만 초등 3학년 영어가 쉽다고 안심하면 안 되는 이유입니다. 이때부터 착실하게 아이의 학습을 점검해주세요.

03

그동안 인풋 해왔다면 이제 아웃풋이 시작될 때

많이 듣고 읽는 것이 강조되었었습니다. 한때는 아이들에게 문장을 계속해서 들려주기만 하면 파닉스도 저절로 뗄 수 있고 단어도 모국어처럼 눈으로 읽혀낼 수 있다고 했지요. 이렇게 하다 보면 아이는 말하고 쓸 수 있다고 했습니다. 그러나 정말 그랬을까요?

실제로 영어 공부를 하고 나서 느껴지는 허무함은 외국인을 만났을 때 공부했던 것처럼 말이 나오지 않는다는 것이었습니다. 또한 자신의 생각을 에세이로 적어내야 하는 요즘 영어 평가에서는 더더욱 좌절하게 되지요.

앞부분에서 많이 듣고 읽으면 저절로 깨친다는 것은 모국어와 같은 수준의 인풋을 주었을 경우에 해당합니다. 그러나 우리 그렇게 할 수 있나요? 실제로 아이에게 동영상을 영어로 듣도록 하면 귀신같이 "한국어로 틀어주세요"라고 바로 이야기하지요. 한국어 자막이라도 나오게 틀어놓으면 영어 대사는 듣지 않는 경우도 허다합니다. 물론 유아 때부터 해당 영상들을 영어로 받아들이게 했다면 덜하겠지만, 유아 때부터 영상을 그렇게 많이 보여주고 싶지 않은 것도 부모의 마음이지요. 상황이 이렇다 보니 한국어 영상이 익숙한 아이들은 좋아하는 뽀로로 동영상을 영어로 보자고 해도 싫다 하는 경우가 다반사입니다.

그런 상황에서 영어 인풋을 계속 넣기란 여간 어려운 일이 아닙니다. 그리고 인풋만 강조할 수 없는 이유가 또 있습니다. 바로 이제는 아웃풋이 중요한 세상이기 때문입니다.

알고 있다고 해도 표현해낼 줄 모르면 아는 것이 아닙니다. 저희 아이 역시 외국인과 수업하는 글로벌센터에서 수업을 1년여 동안 받았습니다. 아이도 즐겁게 참여했고요. 그러나 학원으로 옮기려는 순간 아이의 영어 쓰기 능력을 보니 형편없었습니다. 글을 어떻게 적어 내려가야 하는지, 문법상 어떤 것이 맞는지 아이는 혼란스러워했습니다. 듣고 읽고 쓰고 말하기의 네 가지 영역이 모두 중요한 것인데 해당 센터에서는 쓰기는 진행되지 않고 있었던 것입니다.

4지선다 문항지에서 아는 것을 고르기만 하면 되던 때에서 이제 자신이 아는 모든 것을 동원하여 논리적으로 의견을 써 내려가야 하는 평가는 아웃풋이 얼마나 중요한지를 나타냅니다.

그리고 이 아웃풋은 단순히 영어 실력만으로 되는 것은 아닙니다. 아이의 레벨이 높아질수록 아이의 사고력, 특히 모국어에 대한 확실한 이해가 필요한 지점이 많아집니다. 단순히 영어뿐만 아니라 국어 독서를 통해 쌓은 배경지식이 뒷받침되어야 하는 경우가 많기 때문입니다.

예를 들어 아래와 같은 조건에 맞춰서 글을 쓴다고 해봅시다.

1. Write

Imagine that your best friend is moving to another city or country. Write a story about this situation. In your writing, make sure to:

(1) Explain why your friend moves

(2) Describe what happens the last time you and your friend meet

(3) Describe how you feel after your friend leaves

* 출처: 청담어학원 온라인 과제

단순히 영어 실력만을 원하는 것이 아니라 아이의 경험을 글에 녹여내기를 요구하고 있지요. 또한 그 경험이 없는 경우 아이가 책 또는 들은 것들을 바탕으로 간접 경험에 의거해서 적어낼 수 있는 능력이 있어야 합니다. 게다가 이것으로 끝이 아니라, 다 쓰고 나면 이제 자신이 쓴 글을 바탕으로 프레젠테이션을 해야 합니다.

2. Present

Present your story to your classmate. Make sure you do not simply read it. Use props or gestures in your presentation.

앞서 썼던 것을 바탕으로 간단한 소품을 이용하며 아이가 프레젠테이션을 내갑니다. 초등학교 중학년에는 그림을 그리기도 하지만 초등학교 고학년이 되어 컴퓨터 능력이 가능한 이후부터는 대부분 파워포인트를 사용하지요. 수준도 상당합니다.

물론 이렇게 아웃풋을 하는 과정에서 문법적 오류는 모두 감점이 됩니다. 논리적 오류가 있거나 글자가 넘어가는 경우에도 감점이 되지요. 이런 상황에서 인풋만 강조하는 것은 불가능합니다. 실제로 아웃풋에 대한 평가와 피드백을 받아보지 않은 상태에서는 아이들이 기준에 맞는 글쓰기를 알지 못하고 상대가 원하는 평가기준에 어긋나게 만들어내기 때문입니다.

이런 과정에서 함께 맞물리는 것이 논술입니다. 다시 말하면 국어 논술을 잘하는 아이가 영어 에세이에서도 높은 점수를 받기 쉽습니다. 따라서 어렸을 때는 영어 실력이 높아지면서 즐겁게 레벨업을 했다가 일정 시간이 되면 계속 제자리에 머무는 이유가 바로 이런 이유지요.

아이가 아웃풋을 제대로 해내기 위해서는 영어 인풋만이 아니라 독서와 배경지식 인풋이 무척 중요한 것입니다. 따라서 무조건적으로 많이 들려주고 읽기만 강조하지 말고, 아이의 아웃풋도 점검하면서 유기적으로 상호보완될 수 있도록 챙겨주세요.

04

교실에서 본 아이들의 사교육별 영어 실력

영어 교육에 쏟아붓는 우리나라의 사교육비는 가히 천문학적입니다. 실제로 매년 늘어나고 있지요. 현재 5학년인 우리 반 아이들만 보아도 영어 학원을 다니지 않는 아이들이 거의 없지요. 영어 학습지, 영어 보습학원, 영어 대형 학원, 화상 영어, 영어 과외 등 두세 개씩 진행하는 아이들도 많습니다.

보통 영어 학습지는 매일 패드 학습과 종이 학습지를 실시한 후, 선생님이 주 1회 30분 정도 방문 수업을 진행합니다. 조금 더 욕심을 내어 선생님 방문을 주 2~3회로 늘리면 소규모 영어 학원비만큼의 금액이 나오고는 합니다.

사실 교육비 중에서 영어 학원비가 제일 비싼 경우가 많습니다.

특히나 원어민 선생님이 수업을 하는 대형 학원의 경우에는 학원비, 패드 학습비, 교재비까지 하면 한 달에 50만 원가량이 지불되지요. 따라서 아이가 중 · 고등학생쯤 되면 교육비가 아이 한 명당 백만 원이 훌쩍 넘을 수 있지요.

실제로 영어유치원을 다녔던 친구들은 이미 5세반부터 월 1~2백만 원 정도의 비용을 지불하며 다닌 친구들입니다. 이 친구들은 영어 실력을 잃지 않게 하기 위해 초등학교 1~2학년에도 방과 후로 진행되는 영어유치원 후속 프로그램을 이용하며, 이 금액 역시 영어 도서관 이용비 등의 항목을 포함하여 1백만 원에 육박합니다. 금액도 천차만별인 영어 교육, 과연 아이들의 실력도 동일할까요?

제가 영어 전담을 하면서 느꼈던 것은 사교육에 의한 실력 차이는 초등학교 4학년 때까지였습니다. 5학년부터는 기존 영어유치원의 졸업 유무, 화상 영어 경험의 유무와는 상관없이 올바른 영어 방향으로 열심히 학습한 친구들이 두각을 나타냅니다. 앞서 말씀드린 것처럼 초등 3~4학년의 경우 성취 기준 자체가 쉽기 때문입니다. 초등학교 때는 분명 학원에서 잘했던 아이였는데 중학교에 들어가니 자신의 실력이 그대로 드러나는 것처럼, 초등 5학년이 되면 영어유치원의 졸업과 상관없이 실력이 바뀌게 됩니다.

또한 사교육에서 영어유치원(사실은 영어 학원)을 반대하는 사람들의 말처럼, 이 시기에 영어를 얻음과 동시에 잃게 된 국어 실력과 학습 태도가 문제가 되기도 합니다. 실제로 초등학교 1학년 담임교사 시절 영어유치원을 졸업했던 아이들에게서만 보이는 모습들이 저를 당황시킨 적도 있지요. 요즘에는 영어유치원에서도 초등학교 생활에 적응시키기 위해 7세부터 한글 수업도 함께 진행하는 곳이 꽤 많아졌습니다만, 초창기에는 영어유치원을 나온 친구들의 지나친 자유분방함과 교실에서 영어 위주로 대화하는 모습을 보며 당황한 적이 많았지요. 초등학교 1학년 교실로 보내지는 '영어유치원 졸업증'이 담긴 서류도 무척 당황스러웠습니다.

실제로 영어유치원만 졸업한다고 영어 실력을 얻는 것일까요? 부모님의 만족만큼 영어유치원을 졸업한 아이들이 모두 좋은 성적을 거두는 것은 아닙니다. 제가 아는 친구 중에 유치원 때부터 아이에게 삼각김밥을 먹여가며 영어 학원을 보냈던 친구가 있었습니다. 영어유치원을 졸업한 뒤에는 계속해서 영어 학원, 영어 원어민 과외를 이어갔지만, 초등학교 5학년 때 대형 학원에서의 레벨 테스트 결과는 참담했습니다. 네 가지 영역 모두 낮은 점수가 나온 것이지요.

물론 이 아이의 발음은 무척 좋습니다. 그러나 우리가 아이의 발음만 얻었다고 하기에는 투자비용이 너무 많지요. 막연히 부모님들은 영어유치원을 나왔으니 앞으로도 계속 잘할 거라고 기대하지만 실제로 모든 아이가 그러기는 쉽지 않습니다.

제가 귀국학생 특별학급을 맡았을 때도 같은 이야기를 했습니다. 영미권에 살다가 귀국하면 무조건 영어 학원 탑 반에 들어갈 거라고 기대하시는 분들이 계시더라고요. 실제로 그렇지 않았습니다. 이 친구들은 수업에 필요한, 생활에 필요한 회화를 잘한 것이지 그 부모님이 기대하는 것처럼 종합적인 영어 실력이 높은 아이는 아니었던 것입니다.

영어가 말만 잘하면 된다고 생각하시나요? 절대 그렇지 않습니다. 영어의 의사소통 능력을 키우기 위해서는 앞서 말한 네 가지, 즉 듣기, 말하기, 읽기, 쓰기 능력도 갖추어야 하고 문법 실력도 갖추어야 합니다. 그리고 레벨이 올라갈수록 아이의 기본 상식, 에세이를 써 나가는 능력, 그리고 그것을 프레젠테이션할 수 있는 기술이 요구됩니다. 말만 잘하는 친구는 평가를 잘 받을 수 없습니다. 단순히 평가만이 아니더라도 이 친구는 객관적으로 영어 실력이 높은 게 아닙니다.

저의 제자 중에는 별도의 학원 없이 엄마표 집중 듣기와 '리틀팍스', '리딩게이트' 등의 사이트로만 학습했음에도 발음과 영어 실력까지 잡아낸 아이들도 많습니다. 정말 단어부터 책 읽기까지 차근차근 밟아가더니 5학년이 되는 시점부터 두각을 나타냈지요.

또 다른 아이는 2학년 2학기에 영어 보습학원으로 처음 시작했음에도 5학년에 수능 영어까지 끝낸 아이도 있지요. 따라서 사실 사교육별로 영어 실력을 구분하기는 어렵습니다. 다만 이렇게 사교육으로 커버할 수 있는 시기는 초등학교 4학년까지입니다. 학원만 보내놓고 손을 놓으면 안 되는 이유입니다.

어떤 식의 영어 교육인지는 중요하지 않습니다. 초등학교 3학년이 되면 정확히 파닉스를 깨치고 기본적인 회화를 할 줄 알면 됩니다. 4학년에는 교과서와 관련된 단어들을 정확히 쓸 줄 알면 되고, 5학년에는 문장을 쓸 줄 알고, 6학년에는 학년 수준에 맞는 문법적인 요소까지를 갖추면 됩니다. 영어 사교육은 아이가 필요로 하는 부분에, 필요로 하는 시기에 맞춰 추가해주면 됩니다. 가령 말하기를 강조하는 대형 학원을 다니면서 문법이 부족하다고 느끼면 그 시기에 문법 수업을 별도로 넣어주고, 스피킹이 부족하면 화상 영어 수업을 일대일로 붙여주는 것이지요.

시기별로 요구되는 영어 능력만 제대로 갖추어도 전혀 부족하지 않습니다. 그리고 반드시 수반되어야 하는 것은 영어 실력 전에 국어 실력입니다. 그렇지 않으면 자신의 생각이 기반이 되어야 하는 영어 말하기와 에세이 쓰기가 시작되는 5학년부터 아이의 구멍이 보이기 시작합니다. 영어 조기 교육으로 빠르게 높은 레벨에서 시작했지만 시간이 지날수록 점수가 낮아지는 친구들은 책 읽기와 사고력이 부족하기 때문입니다.

05

내 아이에게 맞는 영어 사교육 선택의 비결

엄마표 영어, 영어 가정학습 및 방문 수업, 영어 패드 학습, 원어민 화상 영어, 공부방 영어, 보습학원, 대형 어학원, 영어 과외까지 영어 사교육은 너무나 다양합니다. 특히 다른 과목에 비해 다양한 스마트 기기 학습이 개발되어 있지요. 돈이 되기 때문입니다. 영어 교육에는 막대한 돈을 쏟아붓는 가정이 많으니 학습 방식은 점점 더 복잡해지고 가격은 점점 더 올라갑니다. 그리고 대상 연령은 점점 더 어려지고 있지요.

물론 학습마다 장점이 있고, 효과가 좋다는 것은 알겠지만 막상 내 아이에게 적용해봤을 때 돈만 날렸다는 느낌이 드는 경우가 주변에 많습니다. '지금까지 뭘 한 거지? 몇 년 동안 우리 아이는 이것밖에 안 늘은 건가?' 이러한 자괴감에 초등학교 고학년 때부터 아이를 잡는 경우도 많지요.

앞서 말씀드린 것처럼 저는 사교육을 하지 말자고 주장하는 사람이 아닙니다. 돈, 시간, 에너지를 아낄 수 있는 가장 좋은 방법으로 학습하자고 주장하는 사람이지요. 특히나 영어의 경우는 학습을 한 아이와 그렇지 않은 아이의 편차가 무척 크기 때문에 엄마표가 되었든 학원이 되었든 아이의 인풋과 아웃풋을 꾸준히 독려해야 합니다.

내 아이에 맞는 사교육으로 학습 효율이 증대된다면 그것보다 즐거운 일이 또 있을까요. 학습하는 아이도 학원비를 대는 엄마도 아이의 성장을 보면서 외국어를 배우는 필요성과 학습의 즐거움을 느끼기를 바라봅니다. 그러기 위해서는 아이의 타고난 기질과 성향에 맞는 교육 방법을 선택하는 것이 가장 중요합니다.

다음 장의 '아이의 기질 및 성향에 맞는 영어 교육 방법' 도표를 살펴봅시다. 과제 집착력이 높고 자기 주도적 학습 태도를 갖춘 친구들은 사실 어떤 학습 방법을 활용하든 효과가 큰 경우가 많습니다. 특히 언어적인 감각을 타고난 친구들은 더욱 그렇지요. 그래서 사교육 유형을 나눌 때 그런 것을 제외하고 순수하게 구분했습니다.

우선 내향적인 성격의 친구들은 여러 친구들과 섞이기 힘들어 할 수 있습니다. 물론 친구들이 여럿 있는 곳에서 사교성을 배워야 한다고 생각할 수 있지만, 영어 학원에서 교우 관계까지 키워주기

아이의 기질 및 성향에 맞는 영어 교육 방법

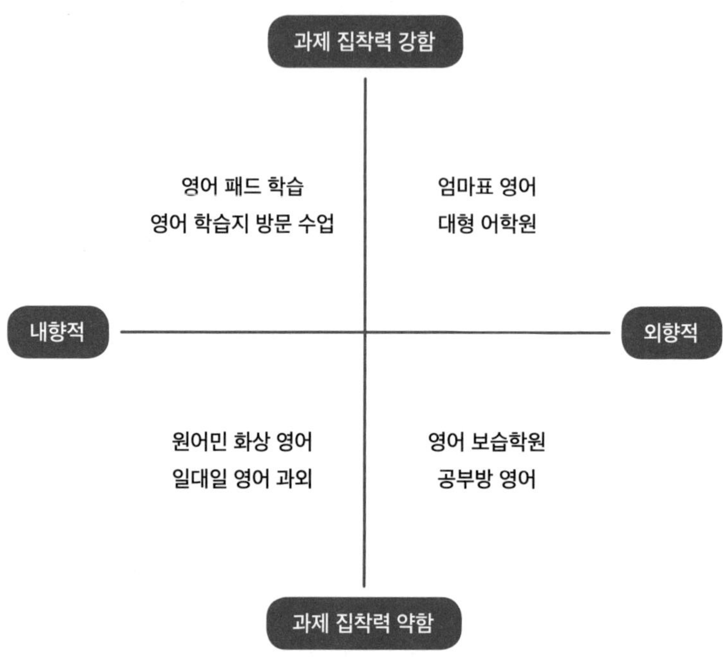

를 요구할 수는 없습니다. 학원은 성적에 따라 반이 배정되고, 그에 따라 레벨업이 진행되거나 보충수업을 받기 때문에 어디까지나 학습 성적이 중심인 곳입니다. 학교에서는 성적에 관계없이 한 반에 다양한 아이들이 모이고, 각자의 재능에 따라 서로를 보완하는 자세를 배우지요. 그렇지만 학원에서 성적이라는 하나의 기준으로 아이들을 평가하는 곳이기 때문에 '잘하는 네가 못하는 친구를 좀 챙겨줘라' 하고 말할 수는 없지요. 따라서 목적을 명확하게 정하셔야 합니다. 우리 아이가 부족하지만 친구들의 배려 속에서 같이 커나가며 레벨업하기를 바란다면, 내향적인 성격의 아이에게 학원은 잘 맞지 않을 수 있습니다.

따라서 대형 어학원과 보습학원 등은 그런 것에 크게 상처받지 않는 외향적인 친구에게 추천합니다. 그리고 내향적인 친구들은 일대일 학습이 유리합니다. 관계라는 것은 가정에서 시작되고, 그 첫 관계가 잘 맺어지면 선생님이나 친구들과의 관계까지 잘 형성되는 것이기 때문이지요.

일대일 학습 중에서도 패드 학습의 경우 과제 집착력이 큰 아이에게 추천합니다. 과제 집착력이 낮고 자기 주도적 학습이 되지 않는 친구들은 안 그래도 집중이 어려운데 기기로 하는 학습의 경우는 아이의 집중력이 더 떨어질 수 있습니다. 또한 자기 주도적으로 공부하지 않는 아이의 경우에는 패드 학습을 시킬 때 부모님이 매일같이 잔소리를 해야 하는 상황이 벌어질 수도 있습니다. 부모님에게도 엄청난 스트레스일 수 있지요.

정리해보면 다음과 같습니다.

1. 과제 집착력이 낮고 내향적인 성격이라면 원어민 화상 영어, 일대일 영어 과외 학습을 진행하면서 과제 집착력과 관계 형성을 키웁니다.
2. 과제 집착력이 낮고 외향적인 성격이라면 영어 보습학원과 영어 공

부방에서 학습을 진행하면서 학습 태도와 방법을 터득합니다.

3. 과제 집착력이 높고 내향적인 성격이라면 패드 학습, 주 1회 방문 학습지 수업을 진행하며 학업 효율을 높이고 일대일 교육비를 줄일 수 있도록 합니다.
4. 학습에 흥미와 실력이 쌓이면 대형 학원 레벨 테스트를 진행하면서 본격적으로 영어 학습에 돌입합니다.

아울러 저는 엄마표 영어로 성공한 아이들은 여러모로 대단한 아이들이라고 생각합니다. 사실 엄마표만으로도 영어 학습에 성공한 아이들은 그만큼 값비싼 학원비를 벌어준 친구들이지요. 이 아이들은 부모님의 열성적인 지원 외에도 스스로의 역량도 과제 집착력이 강한 친구들이었을 겁니다. 또한 외국인을 만나도 자신이 배운 영어가 틀리는 것을 걱정하지 않고 말할 수 있는 외향적인 성격도 가지고 있을 수 있습니다. 따라서 아이의 기질과 성향을 고려하지 않은 채 무작정 엄마표 영어를 따라하는 것은 다시 한번 고민해봐야 합니다. 저 역시도 영어 교육에 있어서는 전문가이지만, 내 아이들에게 엄마표 영어만을 진행하겠냐고 묻는다면 '아니오'라고 하겠습니다.

엄마표 영어에 성공하는 분들의 과정을 보면, 학원 등의 사교육 못지않게 가정에서 끊임없는 인풋(흘려듣기, 집중 듣기, 영어 원서 읽기 등)을 제공하고, 그렇게 아낀 돈으로 1~2년간 해외 연수나 가족

해외 살이 등을 통해서 완성하는 경우가 많습니다. 너무나 멋져 보이지만, 저를 비롯해 워킹맘들의 경우 시공간적으로 불가능한 과정들이지요.

그러니 엄마표 영어를 못 해준다고 아이에게 미안해하거나 죄책감을 갖지 마세요. 각자 자신의 상황에서 가장 효율적인 사교육을 선택하면 됩니다. 유명 학원, 유명 강사만 쫓는 일회성 수업이 아닌 우리 아이에게 맞는 사교육 방법을 잘 선택해서 학습 방법과 태도, 효율적인 학습 노하우를 기를 수 있도록 진행해주세요.

초2 때 영어 시작,
초6 때 수능 영어 끝낸 아이의 학습 계획표

학년	영어 교육 방법
5~7세	• 일반 유치원에서 제공하는 영어 수업 • 마더구즈송, 잉글리시 에그, ORT 등을 틈틈이 활용
1학년	• 엄마와 파닉스 공부(기적의 파닉스 시리즈, 스마트 파닉스) • 리틀팍스 영상 틈틈이 보기 • 디즈니 애니메이션 영어로 일주일 3개씩 • 영어 학원은 다니지 않음
2학년 1학기	• 글로벌 인재 센터에서 원어민 수업 경험 • 원어민 화상 영어로 원어민 수업 경험 • 해외여행(사이판)으로 영어의 필요성 일깨워줌
2학년 2학기 ~ 3학년 2학기	• 영어 보습학원 시작(Treasures 1.3단계 교재로 시작) • 영어 보습학원 교재 CD 반복적으로 들려줌 • 단어 및 문장 암기 도와줌 • writing 시작, 워크북 시작 • 매일 챕터 녹음해서 과제로 보냄(10분 분량) • 넷플릭스로 20분 이내 길이의 영어 영상 매일 시청

4학년 여름방학	• 대형 학원 레벨 테스트(미국 5학년 수준)
4학년 2학기	• 대형 학원으로 다니기 시작 • 주니어토플 문제집 하루 1시간씩 학습 • 스피킹과 라이팅에 어려움이 있다 하여 원어민 화상 영어 주 1회 병행(6개월간) • 넷플릭스로 일주일에 3편씩 영어 기반 영화 시청
5학년 2학기	• 대형 학원 과제 꾸준히 충실히 진행(단어시험, 프레젠테이션 주 2회씩) • 영어 철자 정확히 외우도록 노력함 • 스피킹과 라이팅을 잡은 이후 문법의 필요성을 느껴서 3800제 인터넷 강의 수강 • 윤선생 학습으로 문법 보강 완료 • 유튜브 해외 영상(쿠르트게작트) 영어로 과학 학습 병행
6학년 1학기	• 대형 학원 최종 레벨 도달 • 성인 TOFLE IBT 115점 취득(120점 만점) • 수능 영어 1등급 완료
앞으로의 계획	• 영어 학습은 완료한 상태로, 앞으로는 수학에 충실할 예정 • 해외 유명 수학/과학 웹사이트를 활용한 자율 학습

자투리 시간을 활용하는 영어 온라인 콘텐츠 학습 목록

초등학생들은 등교 시간이 9시이기 때문에 아침에 조금만 일찍 일어나면 교육 영상 하나를 보고 갈 수 있습니다. 엄마표로 리틀팍스 사이트만으로 원어민에 가까운 발음을 구사하고, 영어 실력 또한 매우 뛰어났던 학급 내 아이가 있었습니다. 이 아이는 정말 놀랍게도 매일 새벽 6시에 일어나서 가족들과 함께 아침을 먹고 아침 기도를 마친 뒤, 한 시간씩 영어 공부를 하고 학교에 왔습니다. 꾸준한 자기 관리과 영어 노출이 얼마나 중요한지를 절실히 느꼈던 경우였습니다.

실제로 저 역시도 초등 2학년인 둘째 아이에게 아침에 조금 일찍 일어나서 학교에 가기 전에 윤선생 하루 과제를 하도록 독려하고 있지요. 등교 준비를 하는 동안 소리라도 들을 수 있도록 영어 동요와 원서 녹음 파일도 틀어놓고는 했습니다.

영어 인풋에 더 열심인 부모님 중에는 화장실에 있는 동안에도 영어를 들을 수 있도록 오디오 장치를 설치해둔 집도 있다고 하지요. 이러한 자투리 시간은 집중 듣기보다는 흘려듣기에 적합한 콘텐츠가 적합합니다. 스트레스받지 않고 무의식중에 아이들에게 전달될 수 있어야 하기 때문이지요.

짧은 자투리 시간들이지만 모이면 한 시간이 넘을 수 있으니 활용해 보시기를 바랍니다.

알아두면 유용한 영어 온라인 콘텐츠

콘텐츠	내용	추천
리틀팍스	• 온라인 영어 도서관	• 동화, 동요 수준별로 선택
넷플릭스	• 키즈 계정으로 성인 목록 시청 제한 가능	• 신기한 스쿨버스 • 바비 프렌즈 • 베스트 탐정단
디즈니 플러스	• 2021년 11월 한국 서비스 시작	• 디즈니, 픽사, 마블, 스타워즈, 내셔널 지오그래픽 등 콘텐츠 활용
리딩 게이트	• 온라인 영어 독서	• 수준별 영어책 (e-Book, Quiz, Movie Book)
유튜브	• 유튜브키즈 활용으로 시청 연령 제한 가능	• 마더구즈 • 잉글리시에그 • 디즈니 채널
영어 단어	• 영어 교육 앱을 활용하면 영어 단어장에 저장한 단어들로 퀴즈 활동 가능	• 네이버 영어 단어장 • 드롭스(앱)
EBS e	• EBS에서 제공하는 영어 교육 프로그램 • 초목달(예비 초등부터 초등 전 학년에 걸친 커리큘럼)	• 파닉스부터 교과 영어까지 다양함 • 하루 20분씩 꾸준한 공부 습관 잡을 수 있도록 초등학교 저학년 추천

고민 상담소

대형 어학원, 언제부터 보내면 좋을까요?

Q.

아이가 네 살 때부터 튼튼영어를 시작했고, 이제 초등학교 1학년이 되었어요. 영어책은 더듬거리며 읽을 수 있는 수준이고요. 리딩은 천천히 따라가고 있지만, 리스닝은 제법 잘하는 편입니다. 요즘 가장 큰 고민은 언제 대형 어학원으로 언제 옮기는 것이 좋을까 하는 것입니다. 아직까지는 무리 없이 잘 하고 있다고 생각되어 2~3학년까지는 하던 대로 튼튼영어를 계속하고, 4학년 때부터 어학원으로 옮기려고 생각했었는데요. 주변 엄마들이 학원과 튼튼영어는 학습량 차이가 많이 날 거라고 걱정하더라고요. 3학년 때부터는 학교에서 영어도 시작하는데, 대형 어학원은 몇 학년 때부터 보내면 좋을까요?

A.

많은 학부모님들이 초등학교 3학년까지는 특별히 기존에 해왔던 영어 학원과 영어 학습지에 불만을 느끼지 못하다가 4학년이 되면서부터 고민에 빠집니다. 과연 우리 아이의 수준이 어느 정도인지 확인하고 싶어지기도 하고, 레벨 테스트 이후 그동안 학습을 잘못해온 것을 알고 낙심하기도 하지요.

실제로 4학년 때부터 대형 어학원을 가기 위한 시도가 이루어집니다. 그 전에도 물론 청담어학원을 가기 전에 April어학원을 다니거나 놀이 위주의 랭콘어학원, 귀국학생 영어 영재 교육 전문 폴리어학원, 디베이트 위주의 DC4어학원 등 1~3학년까지 다양한 방식의 어학원에서 학습과 영어를 잡기 위해 노력하는 경우가 많습니다. 그러나 보다 체계적으로 학습을 시키고 싶어 하는 4학년이 되면 한 번쯤 대형 어학원을 고민하게 됩니다.

일반적으로 대형 어학원에서는 주 2~3회 3시간씩 수업을 하며, 일주일에 단어를 50~100개가량 외우도록 합니다. 거기에 영어 프레젠테이션과 분기별 평가도 치러야 하지요. 따라서 이러한 수업 양을 받아들일 수 있고, 평가를 진행할 수 있으려면, 최소 4학년 이상은 되어야 적응할 수 있다고 봅니다.

대형 어학원은 학원비도 보습학원보다 훨씬 비쌀뿐더러, 위치도 집 근처가 아닌 경우가 많아서 학원 버스로 통학을 해야 아니 왕복 이동 시간도 고려해야 합니다. 또한 수업이 보통 4시에 시작하므로, 아이가 중간 간식이라도 혼자 챙겨 먹을 수 있는 나이여야 합니다.

대형 어학원을 결정했다면, 입학할 때에는 높은 점수로 들어가는 것이 더욱 유리합니다. 첫 시험에서 80점을 맞아서 들어간 중간 반의 경우, 이후 시험에서 더 높은 단계인 90점 레벨 커트라인을 넘는다 하더라도 바로 레벨업을 할 수 없고 그 전 단계인 85점 수업을 반드시 들어야 하는 경우가 많기 때문입니다. 그리고 학원에서 아무리 아이를 잘 관리해준다 하더라도 결국 성적이 되지 않으면 계속해서 스테이를 하게 되거나 별도의 보충 프로그램을 추가로 수강해야 하기 때문에, 한 번 시작할 때 학원비도 꼭 고려해두어야 합니다.

또한 이후 아이가 잘 따라주어 영어 성적이 좋아졌을 경우에도 새로운 고민거리가 생깁니다. 레벨이 올라 상위 레벨 수업으로 가게 되면, 더 큰 아이들과 함께 저녁 7시부터 10시까지 진행되는 2부 수업을 듣게 됩니다. 따라서 이러한 여러 가지 부분을 고려하면 너무 어린 나이에 대형 어학원에 보내는 것은 아이에게 자칫 힘겨운 일이 될 수도 있습니다.

이와 같은 내용을 종합적으로 고려할 때 대형 어학원은 초등학교 4학년 이후에 보내는 것을 추천드리고 싶습니다.

Chapter 5

수학

- 논리적 사고력의 바탕이 되는 수학

01

교실 속 수학 수업에서 가장 중요한 것, 집중력과 자기 주도력

교실 속 수학 수업에서 가장 중요한 것은 집중력과 자기 주도력입니다. 문제가 주어지면 집중하여 정확하게 끝까지 풀어내야 하는 것이지요. 간혹 마지막에 뺄셈을 해야 했는데 덧셈을 했다든가, 착각하고 계산을 잘못했다면서 단순한 실수로만 넘기는 친구들이 있습니다. 그런데 바로 이 '끝까지 집중하는 것'이 수학에서는 실력입니다. 이렇게 실수하는 친구는 늘 중요한 순간에도 실수를 하거든요.

"우리 아이는 수학을 잘하는데 늘 시험에서 한두 문제 틀려요."

이렇게 말씀하시는 부모님이 계십니다. 그런 친구들을 보면 대부분 선행학습을 통해 해당 내용을 알고는 있지만, 선생님 말씀에 집중하는 아이가 적습니다. 자신이 이미 아는 내용이니 수업 시간을 대강 넘기는 경우가 많지요. 선행으로 해당 단원의 문제를 다 풀 줄 안다고 해도, 틀리지 않고 백 점 받으려는 노력을 해야 합니다. 실수하지 않기 위해 끝까지 집중하는 자세가 필요한 것이지요.

또한 수학은 자기 주도력이 무척 중요한 학문입니다. 선생님이 풀어주는 것을 자신이 풀었다고 생각하면 안 됩니다. 다들 그런 경험 있으시지요? 고등학교 때 정석 문제를 칠판 가득 풀어내시는 수학 선생님 말입니다. 보고 있으면 전부 이해가 됩니다. 다음에 그렇게 풀면 되겠다는 생각이 들지요. 그러나 막상 내가 직접 문제를 풀어보려고 하면 어떻게 풀어야 하는지 기억이 나지 않습니다. 자신이 스스로 주도적으로 푼 것이 아니기 때문입니다.

상황이 이렇다 보니 쌍방향 수업을 하고 있는 상황에서도 아이들은 선생님인 제가 문제를 풀고 설명해주기를 기대합니다. 기본 개념과 정의를 익혔으면 스스로 문제를 풀어봐야 하는데도 말입니다.

수학은 한 문제를 풀더라도 끝까지 풀어내는 것이 중요합니다. 사회나 과학처럼 답안지를 보고 이해한 후 다음에 비슷하게 시험을 보는 것과는 다르지요. 물론 엄청난 양의 수학 문제를 풀어내서 유형을 외워버리는 경우도 있지만 초등학교 수학을 유형을 외워 풀면 중학교부터는 답이 없습니다.

일단 아이 스스로 풀어보려는 자세가 중요합니다. 한 번 풀어봤는데 못 풀었으면 다시 한번 풀어보고, 그래도 못 풀었으면 한 시간 뒤에 다시 풀어보고, 그래도 못 풀면 내일 다시 풀어보면 됩니다. 그래도 못 풀었을 때 선생님과 함께 풀어봅니다. 그 과정에서 아이가 했던 수많은 고민과 풀이의 과정들을 보면 우리 아이가 어디에서 힘들어하고 있는지, 어떤 수학적 오류가 있는지를 금방 알아챌 수 있습니다. 아이도 충분히 고민했던 만큼 자신이 잘못 생각했던 부분을 확실히 인지하게 됩니다. 그러면 그 문제는 이제 완전히 내 것으로 각인이 되는 것이지요. 비슷한 유형을 반복적으로 풀어서 각인된 것과 고민하고 또 고민해서 각인된 것은 천지차이입니다.

이런 과정을 경험해보지 못한 친구들은 문제를 못 풀면 마음이 급해집니다. 당장 답을 알려달라고 하지요. 풀이 과정에 관심을 두기보다는 답을 적어내는 데 더 급급합니다. 의미가 없습니다.

초등학교 과정에서 수학을 힘들어하는 친구는 나눗셈에서 한 번, 분수에서 한 번, 비율에서 한 번 크게 위기를 겪습니다. 연산이나 단순한 문제는 풀 수 있지만 상대적 개념을 이해하고 가정해서 풀어야 하는 것들은 어렵게 느끼지요. 이런 친구들에게 반복적으로 문제를 풀게 해 유형을 외우도록 하는 것은 의미가 없습니다. 조금 오래 걸리고 어렵더라도 개념을 확실히 이해하고, 한 문제를 풀더라도 끝까지 정확하게 푸는 연습이 훨씬 더 중요합니다.

간혹 중학교 수학을 선행했다고 말하는 고학년 아이들 중에 분수의 기본 개념조차 정확히 모르는 경우가 의외로 많습니다. 사각형, 사다리꼴, 평행사변형 등 도형의 정의에는 관심이 없고, 그저 넓이 구하는 공식만 달달 외운 친구는 도형의 포함 관계를 이용한 문제에는 바로 백기를 들게 됩니다.

수학 과목 역시 수학적 감각을 지닌 아이가 유리한 건 사실입니다. 앞으로 점점 더 수학은 중요해지고 있지요. 수학은 언어 공부와는 방법이 다릅니다만, 언어를 학습할 때처럼 자주 접하게 할 필요는 있습니다. 저학년 때는 하루에 수학 두 장씩 풀기, 고학년 때는 하루 열 문제씩 풀기와 같이 일정 시간을 수학에 사용하게끔 공부 스케줄을 잡는 것이지요. 이때도 가급적이면 스스로 계획을 세우고 실천할 수 있도록 하여 자기 주도성을 길러주시는 것이 좋습니다.

02

'수포자' 등장하는 초3, 관건은 문제 이해력

초등학교 3학년이 "저는 수포자예요"라고 말하는 걸 들으면 너무나 마음이 아픕니다. 물론 수학을 못한다고 해서 아이의 인생과 미래까지 걱정할 필요는 없습니다. 그렇지만 이미 아이 마음속에 잠재된 패배감은 앞으로의 학습과 태도에도 많은 영향을 끼칠 테니 그것이 걱정인 것이지요.

마치 유행어처럼 '수학을 포기했다'고 말하는 아이들이 많습니다. 또는 잘하려고 하는데도 수학 문제를 풀지 못해서 울고 있는 아이들도 많고요. 우리가 수학을 공부하는 이유는 단지 공식을 외우고 성적을 잘 받기 위해서가 아닙니다. 고민 끝에 정답을 찾았을 때 느끼는 성취감을 경험하고, 문제 풀이 과정을 통해 문제 해결력을 기르는 것이 수학 공부의 목적이지요. 그렇기 때문에 아이가 너무 이른 나이에 수학을 포기하지 않도록 잘 지도해주어야 합니다.

제가 아는 아이 중에 계산이 무척 빠른 아이가 있었습니다. 저희 큰아이와 동갑이었는데 7세에 이미 초등 3학년 정도의 연산 실력을 갖추고 있었지요. 단연 큰아이와 보드게임을 할 때도 빠르게 점수를 계산하고 모의 화폐를 자유자재로 다루었습니다. 그런데 이 친구가 게임 중 문제에 봉착하면 해결을 못하고 당황해하는 모습을 보였습니다. 게임의 규칙을 제대로 이해하지 못하고 있는 것이지요. 설명서를 보아도 해석을 하지 못했습니다. 반면 저희 큰아이는 수학적 감각은 다소 늦게 트였지만 꾸준한 독서를 통해 이 부분을 보완할 수 있었습니다. 초등 3학년이 되면서부터 수학에서도 문제를 읽고 이해해야 하는 내용이 많아졌기 때문이지요.

그렇게 계산을 잘하고 수학적 감각이 뛰어났던 그 친구는 3학년이 되고부터 수학을 어려워하기 시작했습니다. 문제를 풀 때 자주 실수를 했고, 서술형 평가 문항이 등장하면 손도 대지 못하는 경우도 있었습니다.

이처럼 초등 3학년이 되면 단순한 연산 계산을 넘어서 문제 풀이 과정과 자신의 생각을 논리적으로 표현해내야 하는 문제들이 나타나기 시작합니다. 그런데 많은 아이들이 문제를 보고도 어떻게 풀어야 하는지를 모릅니다. 문제 자체를 이해하지 못하는 것이지요. 제시된 문제 속에서 알아낼 수 있는 조건들을 정리하고 이를 활용해 풀어야 하는 문제들이 있는데, 자신이 아는 수학적 지식과 풀이 방법만 먼저 떠올리니 제대로 문제를 이해하기가 어려워집니다.

제가 줄곧 초등학교 저학년 시기의 꾸준한 독서와 대화, 놀이를 통한 학습이 중요하다고 말하는 이유입니다. 독서를 통해 간접 경험을 쌓고, 대화와 놀이를 통해 상대방의 의도를 파악하고, 나의 의도를 표출해낼 줄 알아야 합니다. 문제 상황이 닥치면 해결하기 위해 다각도로 노력하는 것도 이 시기에 배워야 하는 것입니다.

초등학교 1~2학년 때 수학 잘한다고 아이를 계속 문제집 앞에 앉혀두지 마세요. 그때 잘하는 수학은 대체로 매우 단순한 문항이 많습니다. 그렇기 때문에 겉으로 볼 때는 아이가 문제를 이해하고 푸는 것이라 생각할 수 있지만 사실은 문제를 외워서 풀고 있는 것일 수도 있습니다.

한 문제를 풀더라도 아이가 정말로 문제를 이해하고 있는 것인지, 자신의 문제 풀이 방법을 제대로 설명해낼 수 있는지를 확인해주세요. 그런 뒤 문항 수를 조금씩 늘려보는 것이지요. 아직 수학을 잘 못하는 아이라 생각되어도 초등학교 저학년 때는 수학익힘책을 풀어낼 줄만 알면 너무 걱정하지 않아도 됩니다. 조금씩 이해력을 높여주세요. 단순히 문제 풀이용 이해력이 아닌 독서와 경험을 통한 전반적인 이해력을 높여주는 것이 장기적으로 볼 때 수학을 잘하는 비결입니다.

03

'연산 잘하는 아이'와 '수학 잘하는 아이'는 다르다

어릴 때부터 반복된 학습지는 학년이 올라갈수록 부담이 커집니다. 학습량이 많아지면서 학습지를 밀리지 않고 하는 것이 힘들어지기 때문이지요. 학부모도 아이들도 모두 학습지가 버거워지기는 마찬가지입니다. 교실에서 보면 아이들이 쉬는 시간에 놀지도 않고 무언가를 마구 써 내려갈 때가 있습니다. 바로 학습지 선생님 오시는 날이었던 것이지요. 아이가 푸는 것은 연산 학습지입니다. 기계적으로 답을 적어 내려가는 아이를 보면 저는 이런 생각이 듭니다.

'이미 알고 있는데 똑같은 걸 왜 계속 풀고 있지? 지금 아이는 무슨 생각을 하고 있을까?'

연산 학습이 반복되고 반복됩니다. 연산은 반복해야 좋다고 하니까 앞장에서 했던 패턴 그대로 뒷장에 똑같은 문제들이 반복되지요. 교실 한곳에서 눈은 풀린 채 기계적으로 손만 움직이는 아이, 안 풀면 엄마랑 선생님한테 혼난다는 생각에 10분밖에 안 되는 쉬는 시간조차 편안히 쉬지 못하고 문제를 풀고 있는 아이를 보면 정말 안쓰럽습니다. 학교에서 보이는 모습이 이 정도라면 집에서는 어떤 모습일지 눈에 그려집니다. 엄마는 학습지를 했냐고 채근할 것이고 아이는 하루하루가 가시방석이었을 것입니다.

기계적으로 문제 푸는 아이들

그런데 정말 이렇게 연산 학습지를 푸는 것이 효과가 있을까요? 기계적으로 문제를 푸는 아이에게 창의성은 길러질까요? 실제로 교실에서 본 이런 친구들은 대부분 수학 점수가 낮았습니다. 오로지 연산 학습만을 반복할 뿐 수학 문제의 개념 자체는 이해하지 못하는 경우가 많았지요. 그리고 기계적으로 빠르게 풀어내는 데 집중하다 보니 같은 실수를 반복하는 경우도 많았습니다.

마지막으로 또 한 가지 중요한 문제가 있는데, 그것은 이렇게 학습한 친구들은 대부분 '숫자를 바르게 안 쓴다'는 것입니다. 많은 문제를 빨리 풀어야 하다 보니 0인지 6인지 알아보기도 힘듭니다.

나중에는 3이 8이 되고, 2가 5가 되기도 합니다. 빨리 풀기는 해야겠고, 이미 답은 아는 것이니 글씨가 날아갈 수밖에요. 천천히 생각하며 문제를 풀고 답을 쓰기에는 해야 할 분량이 너무 많기 때문이지요.

학습지 선생님은 잘한다고 했는데, 학교에서는 왜?

이렇게 학습했던 친구들의 부모님도 고민이 깊어집니다. 학습지 선생님은 분명 잘 푼다고 했는데 학교 수학 점수는 여전히 낮기 때문이지요. 사정이 그렇다 보니 학습 관련 온라인 커뮤니티에 가 보면 "초5인데 학습지를 계속 해야 할까요?", "학습지 어떤 것 시키고 계세요?" 등 학습지에 관한 엄마들의 고민이 상당히 많이 올라와 있습니다.

제 학생 중 한 명 역시 사고력 연산, 내신 학습 등 연산으로만 20만 원어치 학습지를 하고 있었습니다. 아이에게 혼자서도 공부할 수 있는 연산 문제집이 정말 많다고 추천해주었지만 아이는 학습지 선생님이 안 계시면 자기는 안 할 것 같다고 하더라고요. 결국 선생님이 점검을 해야만 학습을 하는 그 아이는 수동적인 공부에 익숙해진 상태로 그 많은 돈을 쓰고 있었던 것입니다.

초등학교 저학년 때는 수학책과 수학익힘책만으로도 연산 학습이 가능합니다. 2학년 때는 곱셈구구(구구단)가 등장하니 연산 문제집(『기적의 계산법』, 『기탄 수학』, 『빨라지고 강해지는 이것이 연산이다』 등)을 한 권 정도만 추가하면 됩니다.

04

수학 사교육 선택하기 전에 목표부터 점검하라

초등학교 3학년 현지는 학교가 끝나면 차를 타고 한 시간은 가야 하는 곳에 있는 유명 학원으로 수학과 영어를 배우러 다녔습니다. 이제 겨우 3학년이었지만 수학은 벌써 6학년 과정을 끝낸 상태였고, 영어도 하루에 50개씩 단어를 외우고 있었습니다. 게다가 이미 고등학교 진학에 대해서도 분명한 계획을 갖고 있었습니다. 현지의 목표는 바로 영재고등학교였습니다.

현지의 엄마는 늘 이렇게 말했습니다.

"너는 영재야. 영재고등학교는 당연히 갈 수 있어."

그런데 문제는 제가 보기에는 현지가 영재까지는 아니었다는 것입니다. 아직 열 살밖에 되지 않은 아이를 함부로 평가할 수는 없지만, 수천 명의 아이들을 봐온 저로서는 영재인 아이와 아닌 아이가 어느 정도 구분됩니다. 이 아이는 영재가 아니라 선행학습으로 똑똑해 보이는 아이였습니다.

현지는 우선 '안다'라는 이유로 수학 시간에 계속해서 딴짓을 했습니다. 영어 전담 선생님께 들어보니 영어 수업도 마찬가지였지요. 또래에 비해 계산이 빠르고 단원평가에서도 늘 90점 이상을 받으니 반 친구들은 현지를 반에서 수학을 가장 잘하는 아이로 생각했습니다. 제가 보기에 정말 수학을 잘하는 아이는 따로 있는데도 말이지요.

수학 시험을 보면 현지는 꼭 한두 문제씩 틀리고는 했습니다. 문제를 급하게 푸는 버릇이 있었지요. 시험 시간은 40분인데, 늘 15분 만에 풀고는 "다 풀었다"고 외치며 책을 보겠다고 말했으니까요. 시험지를 살펴보면 정확하게 계산한 흔적은 별로 보이지 않고, 알아보기 힘든 숫자들과 답이 뒤섞여 있었습니다. 수행평가에서도 역시 문제를 대강대강 풀어 버릇해서 결과도 대체로 '매우 잘함'이 아닌 '잘함'이나 '보통'이었습니다. 과연 현지는 영재고등학교에 갈 수 있었을까요?

결국 현지는 교육청 영재교육원도 떨어지고, 학교 차원에서 진행하는 영재학급 시험에도 떨어졌습니다. 수학 역시 조금만 어려워지니 바로 틀려버렸고요.

결국 모든 영재기관에 떨어지자 그 사실을 인정할 수 없었던 어머님은 학교에 민원을 넣었습니다. 뭔가 부당한 채점이 아니고서야 아이가 영재학급에서 떨어질 리 없다고 생각한 것이었죠. 그러나 현지의 시험지에 적힌 오답들을 확인하시고는 인정했습니다. 이후 현지에게 어떤 변화가 일어났을지 짐작이 되시나요? 그 뒤로 현지에게는 전보다도 훨씬 더 많은 양의 학습이 추가되었습니다.

아이마다 수학 학습에 그릇과 목표가 있습니다. 영재원을 대비하는 친구들은 우선 학교 수학 학습이 100퍼센트가 되어야 합니다. 응용된 최상위 수학 문제에도 끝까지 도전해서 풀고 싶어 해야 합니다. 누가 시키지 않아도 하고 싶어 하는 아이가 영재고등학교, 과학고등학교도 가고, 수학경시대회에서도 점수를 거둡니다. 제가 보아온 아이들은 그랬습니다. 그렇게 하고 싶어 하더니 초등학교 고학년부터 두각을 나타내더라고요.

반면 대부분의 아이들은 수학을 현행학습에 충실히 하는 것이 좋습니다. 지금 배우는 부분을 완전히 이해했고 응용 문제가 나와도 별다른 어려움 없이 풀 수 있다면, 한 단원이나 한 학기 정도 분량을 예습하는 정도면 충분합니다. 적당히 이해한 채로 선행을 하기보다는, 오히려 현행 진도에서 최상위 난이도의 문제들을 가지고 복습하는 것이 낫습니다. 이런 과정을 차근히 잘 밟아가면 수학에 대한 재미가 생기고, 오히려 이후에 영재고를 가고 싶다는 생각이 듭니다.

처음부터 초등학교 저학년 아이를 특목고에 보내겠다는 생각으로 수학 선행을 했다가 실패한 경우를 많이 보았습니다. 선행학습을 가르쳐주는 학원에서는 당연히 "아이가 잘하고 있습니다" 혹은 "부족하니까 보충수업을 더 시켜주세요"라고 하지 안 될 거라고 이야기하지 않습니다.

제자 중에 차근히 현행과 약간의 선행, 복습을 충실히 했던 아이가 있었습니다. 그 아이는 난이도 높은 문제를 잘 풀어내서 학원에서도 탐을 내곤 했습니다. 이 친구는 국어, 영어는 저학년 때부터 충실히 해놓았고, 수학은 6학년이 되어서야 본격적으로 시작했습니다. 이후 중학교에 가서는 정말 열심히 공부를 하더니 결국 영재고등학교에 입학하더군요.

아이와 목표부터 정해보세요. 자사고와 특목고가 일반고로 전환되려는 분위기 속에서 마냥 '선행하면 특별 학교에 갈 수 있다'고 생각하는 것은 위험합니다. 오히려 아이가 차근차근 현재 학습을 충실하게 하겠다는 것을 목표로 삼는 것이 더 현실적입니다.

05

수학을 어려워하는 아이에게 필요한 123학년 수학 비책

수학 선행학습에 대해 부정적으로 설명했지만, 사실 수학을 좋아하고 잘하는 아이들은 본인이 원한다면 선행을 해도 됩니다. 물론 현행 수준의 사고력 문제나 서술형 문제도 함께 풀어가면서요. 어디까지나 아이에게 억지로 선행을 시키는 것을 우려했던 것이지, 아이가 수학을 너무 좋아해서 더 많이 공부하고 싶어 하는 것을 막을 필요는 없기 때문입니다.

그러나 아이들 중에 유독 수학을 어려워하는 아이들이 있습니다. 보통 유치원생 정도면 대부분 숫자 개념 정도는 다 알기 마련인데, 손가락으로 세는 숫자도 어려워하는 아이도 있습니다. 이런 아이들은 수학 학습 내내 힘들어합니다.

고백하자면, 그 아이가 바로 접니다. 물론 이후에는 수학 실력이 좋아졌지만, 어린 시절만 해도 수학은 잘하지도 못하고 관심도 없었지요. 한번은 초등학교 2학년 때 담임선생님이 과제를 내주며 칠판에다 'p.3까지 풀기'라고 적었습니다. 그것을 알림장에 받아 적어야 했는데 'p.'라는 약자를 몰라서 '93까지 풀기'라고 적어 갔습니다. 그리고 그날 밤을 새워서 93쪽까지를 다 풀었습니다. 과연 어떻게 풀었을까요? 수학익힘책 뒤쪽의 답지를 보고 적어 갔지요. 그래서 수업 시간에 문제를 풀 때마다 저는 답을 이미 알고 있었습니다.

그렇게 한 학기를 보내고 나니 저의 수학 실력은 형편없어졌습니다. 어느 날 담임선생님께서 우연히 저희 어머니를 만나셨고, 수학이 부족한 것 같다고 말씀하셨습니다. 사느라 바빠서, 그리고 똑똑한 첫째의 그늘에 가려져 있던 저는 그날로 붙잡혔습니다. 아버지께서는 몇 날 며칠을 저에게 수학을 가르치셨지요. 그런데 문제는 제가 수학에 관심이 전혀 없다 보니 늘지를 않는 것이었습니다. 결국 아버지께서는 지갑 속의 지폐와 동전을 모두 꺼내어 그걸로 수학을 학습시키기 시작하셨지요. 그렇게 저는 덧셈과 뺄셈을 익혔습니다.

그런데 저희 아이 역시 저를 닮아서인지 수 감각이 참 늦게 틔었습니다. 어떤 방법을 쓰든 숫자 공부만 시작하면 싫다고 바로 거부하더라고요. 알고 보니 아이의 같은 반 친구들은 대부분 유치원 때 이미 학습지를 통해 초등 1~2학년 과정까지를 끝내놓은 상태였습니다. 그러니 아이는 친구들과 비교해볼 때 자신은 수학을 못하는 아이라고 생각했던 거지요. 실제로 수학 단원평가에서 60점을 받아온 적도 있었습니다.

그러나 저희 부부는 채근하지 않았습니다. 그저 조금씩 숫자에 친해지도록 노력했지요. 아버지께서 저에게 하신 것처럼 용돈으로 숫자를 가르쳐보기도 하고, 셈셈피자, 블루마블, 할리갈리 등의 게임으로 계속해서 자극했습니다. 싫어하는 연산 문제집은 풀게 하지 않았습니다. 그리고 저와 계속해서 '합쳐서 10 만들기' 게임을 했지요. 그렇게 초등학교 1학년 때는 수학, 수학익힘책만 충실히 했습니다. 초등학교 2학년 때 역시 수학익힘책을 충실히 했지요. 한 권을 다 푼 뒤에는 서점에서 수학익힘책을 한 권 더 사서 풀게 했습니다.

이 시기에는 같은 문제를 주어도 또 틀리기 때문에 하나라도 정확하게 알고 넘어가는 것이 중요합니다. 다른 친구들은 그 전에 시작했겠지만 수학을 싫어하고 감각이 없는 친구들은 2학년 때쯤 연산을 하루 한 장씩 시작합니다. 굳이 학습지로 신청하지 않아도 시중에 있는 『기적의 계산법』, 『빨라지고 강해지는 연산』 등의 문제집을 구입해서 아이와 협의로 하루 분량을 정해 꾸준히 진행합니다. 이때 문제집을 다 풀면 아이가 좋아하는 것을 보상으로 주지요. 가령 책을 좋아하는 아이는 책을 사주거나 여행을 좋아하는 친구는 가족 여행을 보상으로 줄 수 있습니다.

초등학교 3학년이 되면서 시중의 수학 문제집을 병행합니다. 하루 연산과 교과 수학 문제집을 꾸준히 공부하는 것이지요. 다른 친구들처럼 한 학기를 선행하면 안 됩니다. 한 단원에서 두 단원 정도만 봐주세요. 이런 친구들은 미리 봐주지 않으면 대부분의 아이들이 알고 있는 수학 수업에서 혼자만 못 알아듣고 있을 확률이 높습니다. 따라서 '내가 본 적 있어'라는 느낌이 들게끔 수학 학습을 먼저 봐주시는 것이 좋습니다.

그리고 무리하지 않는 선에서 사고력 수학 문제집을 2학기부터 접하게 해봅니다. 많이 풀지 않아도 되고 하루 한 문제씩만 풀어보도록 해도 좋습니다. 팩토 문제집도 좋습니다. 중요한 것은 문제를 접해보도록 기회를 천천히 제공하는 것입니다. 이런 '천천히' 작업으로 아이가 수학을 싫어하지 않게 만드는 것이 중요합니다. 그리고 학습 부진이 일어나지 않을 정도의 수학 학습을 합니다. 싫어하는데 더 투입하면 아이는 수학을 더 싫어하게 됩니다.

선천적으로 수학 감각이 다소 부족한 아이들의 경우에는 무조건 수학 문제를 많이 풀린다고 해서 잘하게 될 수는 없습니다. 따라서 아이가 수학에 대한 싫은 마음을 극복할 수 있도록 '내가 1학년 때보다 2학년 때 수학이 좀 더 나아졌어', '2학년 때보다 3학년 수학 성적이 더 나아졌어'라는 자신감을 붙여주셔야 합니다. 그렇게 되면 많은 아이들이 어려워하는 4학년 수학을 만났을 때 도약하는 시기가 될 수 있기 때문입니다. 수학을 잘 못하는 아이들에게 필요한 1, 2, 3학년 수학 비책은 바로 '아이의 수학 자신감을 키워주는 것' 입니다.

놀면서 배우는 온 가족 수학 놀이

놀이	방법
제로 게임	3~4명이 둘러앉아 엄지손가락을 위로 향한 채 두 손을 모은다. 참가자는 각각의 엄지손가락을 올리거나 내릴 수 있는데, 술래가 외치는 숫자와 올라간 엄지손가락 수의 합이 같으면 술래가 이긴다.
베스킨라빈스 31	2명 이상이 번갈아 가며 1부터 31까지 숫자를 차례로 외친다. 이때 참가자는 숫자를 1개부터 3개까지 연이어 외칠 수 있다. 최종적으로 31을 외치는 사람이 술래가 된다.
가위바위보 계단 내려가기	가위바위보를 해서 이긴 사람이 한 칸씩 계단을 내려가는 게임. 가위로 이기면 1칸, 보로 이기면 3칸, 바위로 이기면 5칸씩 내려가는 등 응용해서 놀이할 수도 있다.
할리갈리	가장 대표적인 수 놀이 보드게임. 딸기, 바나나, 라임, 자두 4종류의 과일이 그려진 카드를 나눠 가진 후, 순서에 따라 돌아가며 자신의 카드를 1장씩 뒤집는다. 똑같은 과일이 5의 배수가 되었을 때 종을 쳐서 카드를 빼앗아 온다. 가장 많은 카드를 가진 사람이 승리한다.

놀이	방법
할리갈리 컵스	빨강, 파랑, 노랑, 초록, 검정으로 되어 있는 5가지 색깔의 컵을 한 세트씩 나누어 갖고 게임을 시작한다. 제시되는 그림 카드를 보고, 그림 속 색상이 배열된 순서대로 자신의 컵을 배열한 뒤 종을 치는 게임.
우노	0부터 9까지 숫자가 적힌 4가지 색상의 카드를 가지고 하는 게임으로, 원카드의 게임 방법과 비슷하다. 7장씩 카드를 나누어 가진 뒤, 바닥에 놓인 카드와 색상이 같거나 숫자가 같은 카드를 한 장씩 내려놓을 수 있다. 가장 먼저 모든 카드를 내려놓는 사람이 이긴다.
팝잇 누르기	커다란 팝잇을 가운데 놓고, 참가자들이 돌아가며 3씩 커지는 숫자 누르기, 4씩 커지는 숫자 누르기 등 구구단을 응용한 놀이를 할 수 있다.
셈셈 피자가게	피자가게 모형의 숫자판 위에서 덧셈 카드, 뺄셈 카드 등을 이용해 말을 움직인다. 자신이 만들어야 하는 피자 종류에 맞게 원하는 토핑을 가져오는 게임. 놀이를 통해 덧셈, 뺄셈 등 연산 학습이 가능하다.
셈셈 시리즈	셈셈 피자가게가 대표적이지만, 그 외 다양한 시리즈 게임들이 있다. 구구단 학습을 할 수 있는 셈셈 테니스, 수 개념부터 연산의 기초를 다질 수 있는 셈셈 수놀이, 연산 실력을 향상시키는 셈셈 롤러코스터, 나눗셈 학습을 할 수 있는 셈셈 눈썰매장 등이 있다.

놀이	방법
모노폴리	'부루마불' 등 주사위를 굴려 말을 이동시키고, 도착한 곳에 건물을 짓는 게임의 원조. 수 개념을 익히는 동시에 경제 교육도 함께 할 수 있다.
부루마불	1980년대부터 많은 사랑을 받았던 대표적인 보드게임. 화폐 계산, 나라별 수도 등을 배울 수 있다.
스플렌더	6가지 색의 보석 토큰을 자신의 차례에 정해진 규칙대로 가져온다. 각각의 보석을 이용해 카드와 교환할 수 있으며, 최종적으로 카드 점수가 가장 높은 사람이 승리한다.
인생역전	룰렛을 돌려 나온 숫자만큼 말을 이동해 앞으로 전진하는 게임. 도착한 칸에 있는 지시 사항을 따르며, 최종적으로 자산이 가장 많은 사람이 이긴다. 월급과 직업에 대해서도 학습이 가능한 게임이다.
크베들린부르크의 돌팔이 약장수	돌팔이 약장수가 가마솥에 각종 재료를 넣어 만들어 파는 콘셉트의 게임. 재료별 게임 규칙을 기억하면서 각종 재료 타일을 사고 점수를 쌓아나간다.
오목	초등학교 저학년 아이들도 쉽게 즐길 수 있는 바둑 놀이. 바둑판이 없어도 깍두기공책 등을 활용해 어디서나 즐길 수 있다.

수학 선행학습,
얼마나 앞서는 것이 좋을까요?

Q.

수학 선행학습에 대한 의견이 사람들마다 달라서 고민입니다. 안 시키자니 다른 아이들은 다 하고 있는데 저희 아이만 뒤처지면 어쩌나 싶기도 하고요. 현재 저희 아이는 초등 2학년으로, 방학 때가 되면 다음 학기 내용을 예습하는 정도로만 선행을 시키고 있습니다. 그런데 주변 아이들을 보면 4학년 수준까지 수학 진도를 나가는 친구들도 있더라고요. 4학년 때 한 학기씩 당겨서 학습하면 중등 과정까지는 끝낼 수 있다고 하는 엄마들도 있고요. 다들 앞서 나가고 있는데 저희 아이만 현행학습에 머물러도 정말 괜찮을지 모르겠습니다.

A.

사실 선행교육은 법적으로 금지되어 있기도 합니다. 2014년에 일명 '선행학습 금지법'이라고 하는 법안이 국회에서 통과되었습니다(공교육 정상화 촉진 및 선행교육 규제에 관한 특별법). 이에 따라 학교에서는 선행학습을 전제로 수업을 해서는 안 되며, 학원 등에서도 선행학습을 유발하는 광고를 할 수 없지요.

그러나 이 법안이 현실에서 적용되기는 결코 쉽지 않습니다. 학군지에서 아이를 키우면 초등학교 고학년에 이미 중학교 수학을 넘어서 고등학교 과정을 학습하고 있다는 아이들 이야기도 심심치 않게 들립니다. 그 아이의 엄마만 자랑스러워하는 게 아니라 아이들도 학교에서 자신의 입으로 공공연하게 자랑하고는 하지요.

선행학습을 하는 아이 중에 정말 똑똑한 친구를 저의 18년 교육 경력에서 딱 한 명 봤습니다. 그 아이는 정말로 본인이 수학을 좋아해서 계속해서 난이도를 높이면서 학업을 해나가는 경우였습니다. 반면 대부분의 다른 친구들은 본인이 원해서가 아니라 부모님이 시켜서, 학원에서 선행으로 진도를 나가는 것이지요. 그렇다 보니 소인수분해를 배웠다고 하는데, 막상 그 개념에 대해 물어보면 모르는 경우가 대부분입니다.

그런가 하면 학원에서 선행을 하면서 오히려 학교에서 배운 현행 내용을 까먹는 경우도 있습니다. 이 역시 공식만 달달 외웠던 것이니 금세 잊어버리는 거지요.

제자 중에 초등학교 3학년인데 중학교 과정을 배우는 친구가 있었습니다. 아이들의 부러움의 대상이었지요. 그런데 막상 수학 수행평가는 '잘함'으로

그칩니다. 사실 정확하게 평가하자면 '보통'이 더 맞다고 보입니다. 그저 공식을 대입해서 푸니까 답은 맞지만 풀이 과정을 제대로 설명해내지 못하기 때문입니다.

아이가 정말 뛰어나고 잘한다면 선행학습의 한계를 두지 말고 쭉쭉 진도를 나가도 됩니다. 그러나 부모님의 욕심으로 아이의 선행학습을 끌고 나가는 것은 독이 될 수 있습니다. 왜냐하면 학교 수업 시간에 이미 다 아는 내용이라고 으스대며 수업을 제대로 듣지 않기 때문입니다. 물론 선행을 하고 현행도 잘 되는 친구들이 있습니다. 다 아는 내용이더라도 수업 시간인 만큼 선생님에 대한 예의를 지키고자 집중하고 있는 것이지요. 이런 친구들은 누가 보아도 정말 예쁘지요. 그리고 이처럼 수업 시간에는 언제나 선생님에게 집중하는 아이들은 결국 최상위권에 오르는 경우가 많습니다.

수학 선행학습을 시키지 않고 있다고 해서 불안해하지 마세요. 특히 초등 저학년 때는 현행에 충실하며 연산을 잡아두고, 좀 더 사고력을 요하는 문제집(팩토 등)으로 학습을 추가하는 편이 더 효과적입니다. 아이 스스로 수학에 흥미를 느끼고 계속해서 학습을 희망하는 경우에는 선행이라는 것으로 규정짓지 말고 좀 더 심화된 문제들을 접하게 해주세요.

수학은 학년별 위계가 확실한 과목입니다. 따라서 수학적 감각과 기본 개념이 확실히 잡혀 있고 심화까지 되었을 때 그 다음 학기, 학년의 내용으로 넘어가는 게 맞습니다.

Chapter 6

사회

- 세상을 이해하는 눈과 다양한 지식 접하기

01

교실 속 사회 수업에서 가장 중요한 것, 경험과 용어 이해

사회 과목은 좋아하는 친구와 싫어하는 친구가 극명하게 나뉘는 과목입니다. 특별히 공부를 하지 않아도 높은 점수를 얻는 친구도 있고, 시험 전 많은 시간을 공부했는데도 점수가 안 나오는 아이도 있기 때문이죠. 사회는 암기과목이라고 흔히들 이야기하지만, 사실은 평상시 아이의 학습 정도와 밀접한 관련이 있습니다. 그중에서도 아이가 가진 간접 경험과 직접 경험이 매우 큰 도움이 됩니다.

교실에서 사회 수업을 할 때 유독 반짝이는 아이들이 있습니다. "선생님, 저 저곳에 가봤어요", "저기 경주 아니예요?" 하며 사진이 제시될 때마다 흥미를 보입니다. 지리를 설명할 때 역시 "금정역에 가본 적 있어요. 그 다음 역은 범계역이지요?" 하고 말하며 아는 장소가 나오면 신나 합니다. 부모님과 함께 직접 경험을 쌓은 친구들이지요.

초등 3학년 사회 교과에서는 '우리 고장'의 유명 명소와 지리를 학습합니다. 그래서 부모님과 함께 지역 내 다양한 장소를 다녀본 아이들일수록 수업에서 적극성을 보입니다. 다른 어떤 과목보다도 아이의 '경험'이 중요한 것이 바로 사회 과목이지요. 따라서 주말이나 방학 동안 아이들이 체험학습을 얼마나 다녔는지가 수업 시간에 그대로 드러납니다.

이런 이야기를 들으면 맞벌이 등으로 바쁜 부모님들은 속상하고 아쉬울 수 있지요. 그런 경우는 책을 활용해주세요. 직접 경험 못지않게 간접 경험도 큰 도움이 됩니다. 직접 가보지 못했어도 『설민석의 한국사 대모험』이나 『EBS 스토리 한국사』 같은 책을 본 친구들은 역사 수업에서 무척 적극적입니다. 게다가 다양한 책을 읽은 아이들은 사회 교과에 등장하는 용어를 이해할 수 있기 때문에 사회 시험을 볼 때도 문제에 대한 이해가 쉬워집니다. 그러나 평상시 책을 읽지 않아 용어를 모르는 친구들은 시험 전에 '암기'를 해야 하는 것이지요. 즉, 평상시 경험을 자주 쌓고 책을 많이 읽은 친구들은 사회 과목을 암기과목으로 느끼지 않게 됩니다.

02

초3부터 사회 교과가 어려워집니다! 저학년 때 꼭 챙길 것들

초등학교는 아이들이 마냥 즐겁게 학교를 다닐 수 있는 유일한 시절이라고들 이야기하지요. 특히 초등학교 1~2학년 아이들은 더욱 그래야 합니다. 교과서도 '봄', '여름', '가을', '겨울'의 통합교과로 학습에 부담이 없습니다. 학교에 적응하는 것이 주된 목표이기 때문에 이 시기에는 학습 수준이 부족해도 선생님과 부모님 모두 너그럽게 이해할 수 있지요.

그러나 3학년이 되면서부터는 달라집니다. 우선 교과목이 달라지면서 학습 성취와 평가가 눈에 띄게 보입니다. 국어, 수학, 사회, 과학, 영어, 즉 지식을 다루는 '주지主知 교과'에서 어떤 평가를 받느냐가 아이가 학습을 잘하는지 판단하는 기준이 되고는 하지요.

특히 사회는 3학년 아이들이 부담스럽게 느끼는 대표적인 과목입니다. 영어는 처음 시작하는 과목인지라 흥미 위주의 내용이 많아 좋아하는 친구들이 많고, 과학은 실험과 영상 교육이 많아서 좋아하지요. 그러나 사회는 용어도 낯설고, 우리 고장 중심으로 내용을 다룬다지만 아이들에게는 낯선 곳이 많습니다. 실제로 아이들과 함께 체험해보는 모둠 수업이나 현장 답사 수업이 이루어지면 좋겠지만, 안전 문제나 시간 부족 등으로 쉽지가 않습니다. 이렇다 보니 사회 과목은 따분한 영상 수업과 이론적 지식으로 채우는 경우가 많습니다.

문제는 아이들이 설명을 들어도 그게 무슨 뜻인지를 모른다는 것입니다. 3학년에 처음으로 접하는 '우리 고장' 단원에서는 촌락, 축척, 문화유산 등의 용어들이 쏟아져 나옵니다. 열 살 아이들의 수준에서는 이해하기 어려운 용어들이지요. 이해하지 못한 채로 무작정 외우려다 보니 더더욱 재미가 없어지고요. 행정구역을 배우면서 알게 되는 지역별 명칭도 아이들에게는 어렵긴 매한가지입니다. 따라서 초등학교 3학년부터 사회 과목은 외워야 하는 과목, 어려운 과목이라며 덮어버리는 친구들이 많습니다.

아이들이 느끼기에만 어려운 것이 아닙니다. 2020년 한국교육과정평가원의 연구에 따르면, 일부 교사들도 3학년 사회 교과에 대해 '아이들의 발달 수준 대비 교육 내용이 상대적으로 많은 편'이라고 인식하고 있다고 합니다. 실제로 3학년 사회 교과서에서는 아이들 스스로 고장의 옛이야기나 문화유산 등을 조사, 답사하는 활동까지 수행하도록 제안하고 있습니다.

이후 학년이 올라갈수록 사회 과목의 지식 정보 요소는 어마어마하게 많아집니다. 4학년에는 지도와 한국 지리 배우기 시작하고, 5학년에는 고조선부터 6·25전쟁에 이르기까지의 광범위한 한국사가 등장합니다. 6학년에는 민주주의와 경제 발전, 세계에 대한 이해, 통일 문제와 지구촌의 평화까지를 다루지요.

간단한 주제들만 보더라도 초등학생 아이들의 사회 학습량이 만만치 않다는 것이 느껴지시지요? 우리 때는 그래도 달달 외우기만 하면 시험에서 높은 점수를 받을 수 있었는데, 요즘 학생들은 맥락 속에서 이해하고 서술해야 하는 문제가 많아 무작정 외우기만 해서는 답을 쓸 수가 없습니다.

따라서 초등학교 저학년 때 이러한 학습 내용을 받아들일 수 있는 공부 그릇을 만들어주어야 합니다. 사회와 역사, 지리 등에 관한 배경지식을 미리미리 쌓아두는 것이 가장 좋은데요. 그러기 위해서는 책을 통한 간접 경험과 체험학습을 통한 직접 경험을 가능한 한 많이 해보는 것이 좋습니다. 시간이 날 때마다 아이들과 지역 명소로 체험학습을 다녀오면서, 관련된 주제로 대화를 나누며 세상을 이해하는 눈을 키워주세요.

03

부모님과 현장 체험 다녀온 아이는 눈빛부터 다르다

사회는 아이들의 상식과 배경지식이 쌓일수록 흥미로워지는 과목입니다. 가족과 함께 박물관, 미술관, 산, 강, 호수 등으로 체험을 다니면서 견문을 넓히는 것이 도움이 됩니다. 특히 우리 고장의 명소나 문화유산 등을 함께 탐방하며 주요 개념을 가르쳐주면 3학년 사회는 특별히 공부할 것이 없습니다. 수업 시간에 자신이 견학했던 장소가 등장하는 날이면 아이는 눈빛을 반짝이면서 설명을 하려고 합니다. 그곳에 다녀왔을 때의 경험과 지식, 느낀 점이 총동원됩니다.

실제로 제가 근무하는 안산에서 3·1운동 100주년 기념 행사에 참여했던 아이는 안산의 주요 만세 시위 장소였던 비석거리가 수업에 등장하자 본인이 더 신나서 설명할 정도였지요. 또한 주말마다 아빠와 자전거를 타고 산을 다녔다는 친구는 우리 고장에 있는 산과 절도 섭렵하고 있었습니다.

3학년 사회에서는 우리 고장에 대해서 다루지만, 4학년으로 올라가면 지역 범위가 더 확장되어 우리 국토가 등장합니다. 각 지역의 위치와 자연 환경, 인문 환경 등을 배우게 되지요. 우리나라 여러 지역을 다녀본 아이들은 해당 지역을 설명할 때 보다 쉽게 이해하고 수업에 적극적으로 참여하게 됩니다.

그런데 체험학습과 관련해서 많은 부모님들이 거꾸로 하고 계시는 게 있습니다. 흔히 부모님들은 아이가 태어나면 유아기 때 아이를 데리고 여기저기를 구경시켜주러 다닙니다. 동물원에도 가고, 수족관에도 가고, 온갖 이색 체험도 하러 다닙니다. 주말마다 아이와 함께 갈 만한 곳을 열심히 검색해서 찾아다니지요. 그러다가 아이가 초등학교에 입학하고 나면 행동 반경이 급격하게 줄어듭니다. 학원이며 학습이며 스케줄이 많다 보니 아이와 나들이를 다닐 여유 시간이 별로 없어지기 때문입니다.

제가 후배 부모님들을 만나면 꼭 하는 이야기 중 하나입니다. 유아 때는 힘들게 아이를 들쳐 업고 멀리까지 다니다가 초등 시기가 되면 동네에서만 맴도는 건 아이의 생활 반경을 거꾸로 맞춘 거라고요. 다시 말하면 멀리 다니는 게 힘들고, 가서도 견문을 많이 넓히기 어려운 유아 때는 오히려 가까운 공원을 산책하는 정도로도 아이에게는 충분합니다. 이때는 부모님이 안정적이고 편안하게 아이와 놀아주는 것이 더 중요합니다.

그리고 예닐곱 살 정도부터 조금씩 우리 고장을 넘어 경험의 반경을 넓혀주세요. 캠핑도 매우 추천합니다. 가기 전에 해당 지역에 대해 설명도 해주고, 함께 지도를 보며 가는 방법, 가는 길에 볼 수 있는 유명한 것들도 소개해주세요. 박물관이나 체험센터가 있다면 오는 길에 견학해보는 것도 좋습니다.

저 역시 큰아이가 여섯 살일 때부터 캠핑을 다니기 시작해서 6학년이 된 지금까지 우리나라 곳곳을 캠핑 다니고 있습니다. 아이가 우리나라에 관심을 가질 수밖에 없도록 되었지요. 사회 수업을 듣다가 단양이 등장할 때도, 홍도를 설명할 때도 아이는 자신이 직접 보고 걸었던 곳들이 떠오릅니다.

아이가 초등 1~2학년 정도라면 해외여행도 좋습니다. 이때는 욕심내지 말고 아이가 실컷 즐길 수 있는 곳들을 추천합니다. 영어를 쓰는 나라에 가면 자연스럽게 아이에게 영어 공부의 필요성을 느끼게 해줄 수도 있지요. 또한 이 시기에는 학교에서 아이들이 서로 어느 나라를 다녀와 봤는지 묻고 관심이 많을 때이기도 합니다.

물론 해외여행은 국내 여행보다는 아무래도 여러모로 많은 준비가 필요합니다. 그중에서도 돈 문제가 가장 크지요. 그런데 조금만 솔직해져볼까요? 아이의 학원을 조금만 줄여 한 달에 10만 원씩만 저축해도 아이와의 여행을 위한 비용을 마련할 수 있습니다. 우선

순위를 어디에 둘 것인가의 문제겠지요.

저희 가족 역시 경제적 사정이 어려웠던 시절이 있었습니다. 아이들에게 더 넓은 세상을 보여주고 싶었는데 그러자면 학원을 줄이고 보험을 줄이는 것밖에 답이 없었지요. 그래서 매달 아이들의 체험 여행을 위해 일정 금액을 모았습니다. 그렇게 마련한 돈으로 처음에는 가까운 지역으로, 다음에는 캠핑을, 보다 차근차근 모은 뒤에는 아이들과의 첫 번째 해외여행으로 사이판과 괌을 다녀올 수 있었지요. 아이들뿐만 아니라 우리 가족 모두를 위한 선물이었습니다.

04

문제집 열 권보다 학습만화 한 권이 더 낫다

이제 3학년이 된 아이, 사회 과목이 어렵다는 말에 부모님은 급하게 문제집을 사 옵니다. 문제집을 보니 학습 내용의 요점 정리가 잘 되어 있고, 아이가 열심히 외우기 시작하지요. 그런데 이후 문제집을 풀게 해보니 아이가 쉽게 풀지를 못합니다. 외운 것도 곧 까먹고, 외웠다고 해도 용어 자체가 대부분 한자어이다 보니 뜻을 이해하기도 어렵지요. 아이에게 사회 과목은 점점 재미없고 공부하기 싫은 과목으로 변해갑니다.

오랜 기간 동안 아이들을 지도해왔지만 저는 사회 문제집은 권한 적이 없습니다. 그리고 저 역시 시험 문제를 낼 때도 사회 문제집을 보지 않습니다. 예전에 우리가 공부할 때만 해도 선생님들은 교사용 문제집들 중에서 짜깁기를 해서 내는 경우가 많았습니다. 그러나 요즘은 담임교사의 개인별 교육과정, 평가가 강조되고 있기 때문에 문제집보다는 담임교사가 수업 시간에 강조하고 지도했던 내용을 시험 문제로 내지요.

따라서 사회 과목은 아이가 수업 시간에 집중해서 잘 듣기만 해도 반 이상은 해결됩니다. 수업 때 들었던 내용을 잘 기억해서 적어 내기만 하면 '매우 잘함'을 받게 되지요. 그런데 선생님이 말씀하시는 요점을 못 알아듣거나 교과서의 핵심 내용, 단어를 암기하지 못한 채 써 내려가면 평가 기준에 의거해서 낮은 점수를 받게 되지요. 사실 초등학교 3~4학년까지는 사회 교과서만 충실하게 학습해도 수행평가에서 크게 어려움이 없습니다. 그리고 5학년 때 객관식 문항들을 풀 줄 아는 능력을 갖추었을 때 문제집을 시작해도 늦지 않습니다.

초등학교 저학년 아이를 문제집 앞에 앉혀놓지 마세요. 이 시기에는 흥미를 발견하는 것이 중요합니다. 한 자리에 앉아서 20분씩 집중하다가 40분 수업에 맞춰 학습할 수 있도록 습관을 만드는 것이 더 중요하지요. 이때 모르는 문제를 푸느라 20분씩 앉아 있도록 하지 말고 재미나게 지식을 쌓을 수 있는 사회 관련 독서를 하게 해주세요. 처음부터 글밥이 많은 사회 책을 읽을 수 있는 아이는 많지 않으니 아이들도 즐겁게 읽을 수 있는 사회 학습만화를 추천합니다.

저 역시 어릴 때 읽었던 역사 학습만화인 『먼나라 이웃나라』가 지금도 가끔씩 생각납니다. 특정한 역사적 사건을 언급할 때면 그 때 보았던 만화 장면이 떠오르는 것이죠. 그러나 책으로 읽었던 것은 그렇게 또렷한 잔상이 남지는 않지요. 아이들이 읽어낸 학습만화의 장면 장면들이 아이의 사회 상식을 넓혀줄 수 있습니다. 물론 학습만화와 책은 깊이나 정보량에 있어서 차이가 크지요. 학습만화로 완전한 학습을 기대할 수는 없지만, 따분한 문제집으로 공부를 지겹게 만드느니 아이가 좋아하는 학습만화책으로 흥미를 붙여주세요.

초등학교 저학년에게 추천하고 싶은 학습만화는 『읽으면서 바로 써먹는』 시리즈, 『설민석의 한국사 대모험』, 『용선생 만화 한국사』, 『WHY』 시리즈, 『WHO』 시리즈 등입니다. 이 내용들만 꿰고 있어도 아이들의 기본 사회 지식이 엄청나다고 느낍니다. 『읽으면서 바로 써먹는』 시리즈는 속담, 고사성어, 맞춤법 등 주제도 다양해서 아이의 어휘력이 향상되는 것도 느낄 수 있지요.

학습만화에 충분히 흥미를 붙였다면, 다음에는 만화와 글이 섞여 있는 『초등학생이 딱 알아야 할 상식 이야기』 시리즈, 『세계가 만일 100명의 마을이라면』 시리즈를 제공해주세요. 초등학교 고학년 아이들에게는 『역지사지 생생 토론대회』 시리즈도 추천합니다. 이렇게 읽어놓은 책들은 이후에 국어 토론 학습 및 사회 인권 교육 등에서도 그대로 발휘됩니다.

개념과 용어는 중요합니다. 그러나 이것들을 문제집으로 학습시키기보다는 아이의 흥미를 유발할 수 있는 재미난 학습만화와 책을 통해 교과서 밖 세상으로 이끌어주세요. 일단 흥미가 있어야 고학년 사회 학습에서도 시작이 수월해집니다.

05

초등 저학년 사회는 다양한 경험이 핵심

거듭 이야기하지만, 경험이 많을수록 학습에 대한 이해도 쉬워집니다. 직접 경험이 가장 좋겠지만 그럴 수 없는 경우 책을 통한 간접 경험도 무척 도움이 되지요. 책을 통해서 모르는 단어와 장소에 대해 이해하는 기회를 갖는 것은 직접 경험과 더불어 중요한 요소입니다.

그런데 특히 요즘 교과서를 읽지 못하는 아이들이 많습니다. 글자를 읽지 못하는 것이 아니라, 문해력이 떨어져서 읽어도 무슨 말인지 모르는 것이지요. 당연히 학습에 흥미가 생길 수 없습니다. 3학년 사회 과목은 아이들에게는 다소 낯선 용어들이 등장하기 때문에 더욱 교과서를 읽기 어려워합니다. 이러한 사태를 예방하려면, 우선 교과서에 제시되는 용어들은 이해할 수 있어야 합니다.

다음은 3학년 사회 교과서에 등장하는 용어들입니다. 낯설더라도 한 번씩 의미를 훑고 지나가면 선생님 설명에 훨씬 도움이 될 테니 점검해주세요.

> 위치, 지도, 축척, 문화유산, 주소, 안내도, 방위, 방위표, 나침반, 백지도, 지도의 요소, 그림 기호, 기호, 자연환경, 인문환경, 기후, 산업, 교류, 이동수단, 의사소통 수단, 정보, 화상전화, 발달, 인력거, 봉수, 파발, 증기 기관차, 전자 우편, 모노레일, 케이블카, 화상수업, 인터넷 쇼핑, 스마트폰, 중심지, 견학, 면담, 터미널, 노선도 등

다음은 부모님과의 대화, 책, 신문 등을 꾸준히 접하게 하는 방법을 추천합니다. 제가 아는 한 남학생은 초등학교 5학년인데 대화를 나눠보면 지식 수준이 상당히 높다고 느껴지는 아이였습니다. 들어보니 학원 하나 다니지 않으면서도 국어, 수학, 영어, 사회, 과학 등 어느 과목 하나 뒤처지지 않았지요. 특히 사회 과목에 있어서는 상식도 많고 지식도 풍부해서 반 아이들이 똑똑하다고 인정하는 친구였지요. 이 친구의 사회 지식은 순전히 집에서 길러진 것이었습니다. 어릴 때부터 아버지와 신문을 함께 보며 이야기하는 습관을 들였다고 해요. 보통 한두 시간씩 아버지와 대화를 나누었고, 그렇다 보니 자연스레 아는 것이 많아진 것이지요.

마지막은 체험학습과 디지털 활용입니다. 가능하다면 되도록 체험학습을 추천합니다. 민속촌에서 옛 조상들의 생활 모습을 본 아이, 박물관에서 유물을 본 아이, 유적지에서 직접 터전을 본 아이는 그 기억이 오래갑니다. 최소한 선생님이 설명할 때 '저기 가본 적 있는데' 정도로 흥미를 이끌어내기 충분하지요.

체험학습을 자주 가기 어려운 경우에도 물론 방법이 있습니다. 디지털 기술을 이용하는 것이죠. 구글 지도나 네이버 지도 등을 이용해 게임하듯이 아이와 지역 탐방을 가볼 수도 있습니다. 우리 지역의 터미널을 찾아볼 수도 있고, 다른 지역의 유명한 문화유산도 지도 서비스를 통해 살펴볼 수 있습니다. 실제로 학교 수업에서도 아이들이 무척 좋아하는 수업 방식입니다.

디지털 교과서와 영상 자료를 활용해서 마치 가본 것 같은 학습을 제공할 수도 있습니다. 15여 년 전에 DSLR을 들고 디지털 사회 교과서를 만들기 위해 저의 열정과 에너지를 바치던 때가 있었습니다. 유명한 유적지들을 탐방해서 각 방향에서 사진을 모두 찍은 뒤, 아이들이 클릭 한 번으로 그곳의 모든 것을 볼 수 있게 만들었지요. 지금은 그때에 비하면 놀라울 정도로 기술이 발전되어서 아이들이 활용만 잘하면 얻을 수 있는 유익한 디지털 자료들이 무척 많습니다.

사회 교과는 경험이 없이는 쉽지 않습니다. 그렇기 때문에 아이가 교과목 자체에 대한 흥미를 잃어버리지 않도록 부모님의 도움이 많이 필요한 과목이지요.

어린이신문부터 역사만화까지 사회 학습 콘텐츠 추천

콘텐츠	추천대상	매체
어린이동아일보	초등 1~4학년	신문
어린이조선일보	초등 4~6학년	
어린이 경제신문	초등 1~6학년	
설민석의 한국사 대모험	초등 1~4학년	책
용선생 만화 한국사	초등 1~4학년	
이현세의 만화 한국사 바로보기	초등 3~6학년	

용선생 처음 세계사	초등 3~6학년	책
EBS 스토리 한국사	초등 4~6학년	
WHY, WHO 시리즈	초등 1~6학년	
브리태니커 학습만화	초등 1~6학년	
히스토리카 학습만화	초등 3~6학년	
최태성 한국사 수업	초등 4~6학년	
세상에 대하여 우리가 더 잘 알아야 할 교양 (세더잘)	초등 4~6학년	
선생님도 놀란 사회 뒤집기	초등 3~6학년	
지니스쿨 역사	초등 1~6학년	
강치독도수비대	초등 1~6학년	
지식채널 e	초등 3~6학년	
역지사지 동글동글 세계사	초등 1~4학년	
초등학생 경제교육 한국은행	초등 1~6학년	
선을 넘는 녀석들	초등 4~6학년	
Cha-Ching Veideos (영어로 배우는 경제 만화 노래 영상)	초등 3~6학년	

지도와 역사 연표 1,000% 활용법

학습지 상담을 받거나 아이 참고서를 사면 우리나라 지도, 세계 지도, 역사 연표를 받고는 합니다. 이 귀중한 자료들 어떻게 보관하고 계시나요?

별생각 없이 돌돌 말아서 아이가 필요할 때만 펴 보는 것은 별로 큰 도움이 되지 못합니다. 집 안 곳곳에 붙여 아이가 수시로 볼 수 있도록 해주는 게 중요합니다. 조금 지저분해 보여도 잠재적 학습이 될 수 있습니다. 예를 들면 아이가 무의식적으로 시간을 날려버리는 장소를 이용하는 것입니다. 바로 화장실 같은 곳이지요.

화장실에 용변을 보러 갈 때 잠깐씩 훑어볼 수 있도록 해주세요. 저희 집은 화장실을 건식으로 사용하고 있어서 물에 젖을 걱정 없이 변기를 중심으로 바로 앞에는 우리나라 지도, 오른쪽에는 세계 지도, 왼쪽에는 역사 연표를 붙여놓았습니다.

지도를 선택할 때도 아이의 연령에 맞는 것을 고르는 것이 중요합니다. 초등학교 저학년 때는 지나치게 세세한 지도보다는 그림으로 해당 지역의 대표적인 특징을 간략하게 보여주는 지도가 좋습니다. 온갖 교통 정보와 작은 지역 명칭 등 정보가 너무 많이 표시되어 있는 지도는 오히려 중요한 내용을 파악하기 어렵게 만들기 때문이지요.

세계지도 역시 대륙과 주요 나라, 수도, 유명 건축물 정도가 그려진 것으로 붙여주세요. 그리고 세계 일주를 체험할 수 있는 보드게임인 '부루마블'이나 교육용 보드게임인 'Go Fish! 국가와 수도' 등을 준비해 아이와 신나게 한 판 놀아보세요. 지도에서 보던 것이 게임에서 나오면 아이들의 흥미는 배가 되지요.

역사 연표는 어렵기 때문에 아이가 처음부터 관심을 갖지는 않습니다. 그래도 자꾸 보면 다르지요. 예를 들면 "엄마가 태어난 1980년대에는 무슨 일이 있었는지 한번 보자", "6·25전쟁 직전에는 어떤 사건이 있었을까?" 하고 역사 연표를 보면서 대화를 나눠보는 것도 좋겠지요.

여행이나 캠핑을 갈 때도 지도를 적극적으로 활용할 수 있습니다. "우리 이번 주말에는 '안동'으로 여행을 갈 건데 지도에서 찾아볼까?" 하고 말하면 아이의 관심도가 훨씬 높아집니다. 아이는 지도 앞으로 쪼르륵 가서 안동을 찾아보고, 안동의 대표적인 명물이 하회탈이라는 것도 알게 되지요. 그리고 부모님과 함께 지도를 보면서, 우리 집에서 안

동까지는 얼마나 떨어져 있는지, 가는 데 시간은 얼마나 걸리는지 이야기도 나눠봅니다. 그러면서 축척의 개념도 이해하게 되는 것이지요.

그렇게 몇 번씩 지도를 보고 나면 우리나라 백지도와 세계 백지도를 보여주면서 아이가 떠올릴 수 있도록 합니다. 지금 우리가 있는 곳은 경기도인데 우리나라에서 가운데 위치하고 있고, 그 옆으로는 강원도가, 그 아래로는 충청도가 있다는 것을 떠올릴 수 있게끔 하는 것이지요. 이렇게 학습해둔 것은 초등학교 3학년 사회 시간의 백지도 수업에서 무척 유용합니다.

단, 이 모든 것을 한 번에 가르치려고 하지 마세요. 초등학교 저학년 때부터 수시로 눈에 띄게 하여 그림으로 인식되게 만들면, 고학년이 되어 지리 수업을 할 때 자연스럽게 머릿속에 지도가 떠오르게 됩니다. 지도를 자주 본 아이들은 그때의 잔상이 시각 기억으로 남습니다.

지리 감각과 역사 감각은 시간적 감각과 공간적 감각이 결합된 감각입니다. 우리나라의 특정 사건을 생각할 때, 해당 시기에 다른 나라에서는 어떤 일이 일어났었는지를 통합적으로 연결해 생각할 수 있으려면 단순히 순차적인 역사적 사건들을 암기하는 것만으로는 부족하지요. 이런 것들을 통합적으로 사고하기 위해서는 세계 지도를 보는 듯한 공간적 감각을 가져야 합니다. 세계 지도와 역사 연표를 함께 보여주는 이유지요.

지도나 연표를 받으면 구석에 돌돌 말아 보관만 하지 마시고, 아이 눈에 자꾸 띄도록 붙여주세요. 지도와 연표를 백 배, 천 배 활용하는 비법입니다.

초등 저학년,
뉴스 보게 하는 게 좋을까요?

Q.

초등 2학년 아들을 둔 엄마입니다. 집에서는 텔레비전을 거의 보지 않는 편인데, 아이 아빠가 퇴근 후에 저녁 뉴스만은 꼭 챙겨 봅니다. 아빠가 뉴스를 보고 있으니 아들도 아빠 옆에서 함께 보고 있을 때가 많아요. 보지 않고 있어도 소리가 들리니 자극적인 뉴스가 나오면 결국 보게 되기도 하지요. 뉴스에는 하루가 멀다 하고 사고 소식이나 살인, 폭행, 성추행 같은 이야기들이 등장하는데, 아직 열 살도 안 된 아이에게는 알려주고 싶지 않은 이야기들이라 걱정입니다. 그런데 문제는 아이 아빠는 저와 생각이 다르다는 겁니다. 아이도 세상이 돌아가는 것을 알아야 하고, 뉴스도 봐야 한다고 해요. 아직 2학년밖에 안 된 아들에게 뉴스를 보게 하는 게 좋을까요?

A.

“초등 저학년, 뉴스 보게 하는 게 좋을까요?”라고 묻는다면 저는 단번에 “아니오!”라고 말씀드리고 싶습니다. 가정에서 습관적으로 텔레비전을 켜놓는 집은 아이들이 늘 뉴스에 노출됩니다. 할아버지, 할머니와 많은 시간을 보내는 친구들도 그렇지요.

뉴스에는 자극적인 영상과 내용이 넘쳐납니다. 가족을 살해한 존속 살인, 신변을 비관한 방화 사건, 실종 소식, 보이스피싱 사기, 학교 폭력에 의한 십 대 청소년의 자살…. 대부분 걱정스럽고 안타까운 소식들입니다. 간혹 목숨을 걸고 타인을 구한 의인이나 어려운 이웃을 위해 기부한 사람 같은 따뜻한 소식도 등장하지만 굉장히 드물지요.

아이들은 가치관이 정립되기도 전에 우리 사회의 끔찍한 단면을 무의식적으로 보고 듣게 됩니다. 따라서 뉴스는 어린 아이들에게는 되도록 보여주지 마세요. 휴대폰에서도 마찬가지입니다. 저는 아이들에게 스마트폰을 사줄 때, 인터넷 홈 화면에서 뉴스, 연예, TV 코너를 삭제했습니다. 네이버 메인 화면을 구글처럼 검색창만 보이도록 만들어놓았지요.

아이가 보지 않아도 되는 각종 뉴스들은 인터넷 홈 화면에서 삭제해주세요. 고학년 아이일 경우, 아이가 읽어보면 좋을 뉴스 기사가 있다면 그것만 따로 프린트해서 주는 것을 추천합니다. 또는 아이들에게 정제되어 제공되는 어린이 신문이나 어린이 잡지가 더 안전하지요.

또 학교 폭력, 실종, 살인 등 자극적인 소식을 아이들에게 이야기해주는 것도 바람직하지 않습니다. 대규모 재난 사건이 벌어지면 텔레비전에서는 한동안 정규 방송까지 중지한 채 연일 해당 소식을 보도하는데요. 그러다 보면 처참한 재난의 현장이나 끔찍한 사고의 순간이 반복적으로 화면에 등장하기도 합니다. 이런 화면을 계속 접하게 되면 아이에게 트라우마로 남을 수도 있고, 외상 후 스트레스 장애와 같은 정도의 스트레스를 경험하기도 한다고 합니다.

어른들에게 필요하다는 이유로 텔레비전에서 뉴스를 계속 틀어놓는 것은 듣지 않아도 되는 아이들에게는 너무 큰 소음입니다. 뉴스 시청이 꼭 필요하다면 아이가 없을 때 보거나, 다른 공간에서 컴퓨터나 스마트폰으로 검색해서 보시기를 권합니다.

마찬가지로 뉴스 외에도 자극적인 드라마는 아이들 앞에서 시청하는 것을 삼가주세요. 아이들이 간밤에 드라마 〈펜트하우스〉를 보고 자서, 혹은 넷플릭스의 〈오징어 게임〉을 보고 나서 아침에 피곤하다는 이야기를 합니다. 부모님이 보니까 별생각 없이 같이 보고 있는 것이지요. 각종 범죄가 난무하는 드라마를 보다 보면 어른인 저 역시도 '과연 저런 내용이 지금 정상적인가'라는 의문이 듭니다. 그런데 판단력이 미숙한 아이들은 그런 드라마를 보며 정상적인 인간상, 긍정적인 인생관을 가질 수 있을까요.

아이들에게 자극적인 영상과 기삿거리를 제공하지 말아주세요. 이런 것에 많이 노출된 친구는 웬만큼 충격적인 이야기에는 반응도 하지 않습니다. 그러다 보면 점점 더 자극적인 것을 찾게 되지요. 초등학교 저학년 아이들은 뉴스를 보지 않아도 부모님이 전해주는 따스한 세상 이야기만으로도 충분합니다.

Chapter 7

과학

- 과학적 사고력과 자기 주도성 연습

01

교실 속 과학 수업에서 가장 중요한 것, 개념과 구조화

과학 수업을 할 때 제가 가장 중요하게 보는 부분은 과학적 개념을 아이가 제대로 이해하고 있는가 하는 것입니다. 많은 실험 전에 용어에 대한 이해와 과학적 요소에 대한 개념이 나오는데, 이것을 대충 보고 넘기게 되면 과학 실험에 실패하는 경우가 많지요. 마찬가지로 과학적 개념에 대해서도 완전히 습득을 하고 나서 학습 활동을 진행하고, 자신만의 언어로 구조화하여 '실험관찰'에 적어낼 줄 알아야 합니다. 일부 아이들은 실험에만 충실하다가 결국 질문 내용에 대해 서술하지 못하는 경우가 많지요. 또한 강조되고 있는 서술형, 논술형 평가에서 높은 점수를 받으려면 질문의 요지를 정확히 파악하여 자신만의 구조화된 지식을 개념적으로 설명해낼 줄 알아야 합니다. 간혹 설명을 많이 적었어도 필수적으로 들어가야 하는 용어가 빠져 있거나 구조화의 순서가 잘못된 경우는 감점이 되고는 합니다.

아이들의 과학 교과서에는 이미 중요한 개념과 학습 내용 및 주의점까지 기록이 되어 있습니다. 따라서 선생님과 학습이 제대로 진행되고 나면 실험관찰에 정리를 할 수 있어야 하지요. 그런데 학습 자체에 초점을 못 맞추고 집중하지 못한 채로 점수를 잘 받는 데만 몰두해 과학 문제집을 푼 아이들은 교사별 평가에서도 장기적으로 좋은 점수를 받지 못합니다. 왜냐하면 이미 교실 속 과학 수업에서 선생님이 원하는 답은 수업하는 과정 속에 있기 때문이지요. 4지선다, 5지선다에서 답을 찾아내는 방식의 문제가 아니라 선생님과 수업에서 있었던 것을 구조화하여 설명해내야 하는데 이를 위해서는 교실 속 과학 수업에 집중하는 것이 무엇보다 중요합니다.

과학 교과서를 보면 늘 첫 단원에 '과학자는 어떻게 탐구할까요?'라는 물음이 제시됩니다. 아울러 매 단원마다 마지막에는 '단원 마무리'가 등장하는데요. 이것을 스스로 확인하고 단원 내용을 마인드맵으로 그려 자신의 언어로 설명할 수 있어야 합니다. 다시 말하면 학습했던 내용과 실험 내용을 차시별로 머릿속에 그려낼 줄 알아야 하는 것이지요.

물론 2학년까지 통합교과로 과학 놀이를 하던 아이들이 3학년이 되었다고 갑자기 스스로 이런 내용을 적어낼 수는 없을 겁니다. 따라서 저학년 때 꾸준히 사고력을 길러주고, 학습 내용을 자신의 언어로 다시 풀어내는 연습을 지속적으로 진행해야 합니다.

02

고학년이 될수록 잘하는 아이는 실험관찰을 보면 안다

3학년 때 처음 배포되는 실험관찰 교과서는 아이가 처음으로 작성하는 배움노트입니다. 그동안의 교직 경력으로 아이들을 살펴본 결과 실험관찰을 잘 정리하는 아이는 대부분 학습 성취도 높았습니다. 실험관찰을 잘 정리하려면 과학 수업에 집중하여 질문에 답할 수 있어야 하고, 동시에 실험의 과정과 결과를 배운 대로 정리할 수 있어야 하기 때문이지요.

평소 질문에 대한 답을 명확한 용어와 개념을 이용하여 설명할 줄 아는 아이는 이후에도 공부를 잘할 확률이 높습니다. 고학년이 될수록 잘하는 아이는 실험관찰에 기록한 내용이 무척 달라집니다.

학습에 흥미가 없거나 수업 중 선생님의 말씀에 집중하지 못하는 친구는 끝나고 나서 실험관찰을 적어보라는 말에 당황합니다. 분명히 동영상 실험을 보았고, 모둠에서 친구들과 같이 실험을 했는데도 무엇을 적어야 할지 모르고 당황하지요. 이런 친구들은 결국 힐끔힐끔 다른 친구의 실험관찰을 보고 적기에 바빠집니다.

또는 질문에서 요구하는 중요한 개념이나 실험 절차가 빠진 채로 답을 적어내는 경우도 많습니다. 그렇다 보니 각 질문에 대해 적어놓은 답의 수준이 형편없게 되는 것이지요. 반면 학습을 잘하는 친구들은 질문마다 빽빽하게 답을 써 내려갑니다. 확연하게 차이가 나지요.

그럴 수밖에 없는 이유는 다음과 같습니다. 우선 실험관찰에는 닫힌 질문(답이 정해진 질문)보다 열린 질문(다양한 답변이 나올 수 있는 질문)이 많기 때문입니다. 실제로 6학년의 실험관찰 교과서를 살펴보면 "가설을 세워 써봅시다", "실험을 하면서 관찰하거나 측정해야 할 것을 정해 써봅시다", "다른 방법으로는 무엇이 있을까요?"와 같은 질문이 많습니다. 즉, 이런 정답이 없는 질문에는 답을 못하는 것이지요.

또한 매 단원마다 마지막에 제시되는 '단원 마무리'에는 학습했던 대단원명과 중단원명만 적혀 있고, 생각그물(마인드맵)을 통해서 스스로 정리해야 합니다. 이 작업을 하는 시간 역시 차이가 날 수밖에 없습니다. 학습에 집중하며 배운 내용을 글로 적어낼 줄 아는 아이는 정리 결과물이 훌륭합니다. 해당 페이지를 가득 채워내지요. 그러나 그렇지 못한 친구들은 생각그물을 엮어내지를 못합니다. 간단한 용어 몇 가지를 적어낼 뿐이어서 한눈에 보아도 부족함이 드러납니다.

이런 친구들을 구해내는 방법은 두 가지입니다. 첫 번째는 옛날식으로 칠판 가득 선생님이 필기를 해주면 똑같이 따라 쓰는 것이지요. 그러나 지금의 세상이 키워내고자 하는 아이는 이런 친구들이 아니지요. 그저 지식을 남들과 똑같이 적고 달달 외우는 아이는 앞으로의 세상이 원하는 인재가 아닙니다.

그렇다면 방법은 두 번째, 아이가 스스로 탐구하고, 능동적으로 학습과 실험에 참여하며, 배운 것을 자신만의 생각으로 정리해 적어낼 줄 알도록 가르치는 것입니다. 결국 과학 과목에서도 역시 아이의 사고력과 에세이 능력이 강조되는 것입니다.

부탁드리고 싶은 것은 한 번씩 아이의 실험관찰을 살펴봐 주세요. 내용을 보면 아이의 학습 정리 수준이 한눈에 보일 것입니다. 학생 한 명 한 명을 교사가 잡아주기는 힘든 것이 현실입니다. 따라서 아이의 실험관찰 내용을 보고 부족하다 생각되는 부분은 아이와 함께 다시 한번 적어봐 주세요. 내용이 혹여 어렵게 느껴진다면 시중에 파는 문제집과 국정 지도서를 구입하여 함께 살펴보는 방법도 있습니다.

이때 중요한 것은 문제집이나 지도서에 제시된 그대로를 적어내는 것이 아니라, 그것을 한 번 훑어서 개념과 절차를 이해한 뒤 자신의 언어로 배운 것을 정리하도록 하는 것입니다. 이 훈련이 잘 이루어질수록 논술형 평가와 모둠 토론, 과학 토론 등에서 아이가 성과를 보일 수 있습니다.

03

저학년 과학과 고학년 과학의 가장 큰 차이점

통합교과로 배우는 저학년 과학은 대부분의 아이들이 재미나게 수업에 참여합니다. 봄, 여름, 가을, 겨울에 따른 특징과 동식물을 관찰하고 여러 가지 놀이를 진행하니 놀면서 과학 요소를 익히고 있는 것이지요.

초등학교 중학년이 되면 물질의 성질, 동식물의 한살이, 자석의 이용, 지층과 화석, 그림자와 거울 등에 대해 학습합니다. 단원명만 보더라도 아이들이 재미나게 참여할 수 있는 실험들이 많다는 것을 짐작할 수 있습니다. 실제로 중학년 아이들 중에는 실험에 적극적으로 참여하고 과학 과목을 좋아하는 친구들이 많습니다. 초등학교 3학년 모든 교실에서 키워내는 '배추 흰나비의 한살이'가 대표적이지요. 관찰하고 기록하면서 아이들은 재미나게 참여합니다.

초등학교 고학년이 되면 단원명도 훨씬 난이도가 높아집니다. 물체의 운동, 산과 염기, 지구와 달의 운동, 연소와 소화, 우리 몸의 구조와 기능 등으로 용어 자체가 어려워지지요.

학습해야 하는 성취 기준 역시 차이가 납니다. 식물과 관련한 성취 기준을 살펴보면 다음과 같습니다. 초등학교 저학년 때는 '봄에 씨앗이나 모종을 심어 기르면서 식물이 자라는 모습을 관찰한다'가 성취 기준입니다. 중학년이 되면 '여러 가지 식물을 관찰하여 특징에 따라 식물을 분류할 수 있다'로 조금 더 수준 높은 성취 기준이 요구됩니다. 고학년이 되면 '식물의 전체적인 구조 관찰과 실험을 통해 뿌리, 줄기, 잎, 꽃의 구조와 기능을 설명할 수 있다'로 진행되지요.

다시 말하면 같은 식물에 대한 학습이지만 주변에서 관찰하고 흥미를 가지게 하던 저학년 때와는 다르게, 고학년이 되면 구체적인 관찰과 설명을 할 수 있어야 하는 것입니다.

따라서 아이들은 초등학교 과학의 최종 목표인 '창의적인 문제 해결 능력'을 기르기 위해 자연 현상과 생활 주변에서 일어나는 문제에 대해 흥미와 호기심을 가지고, 실제 탐구 활동을 통해 탐구 방법을 습득해나가야 합니다. 아이들이 생활 주변에서 스스로 찾아낸 경험과 자료는 해당 학년의 수업 단계에 맞춰 사용할 수 있도록 체계적으로 노력하는 것이 과학 수업에서 무척 중요한 부분입니다.

초등학교 저학년, 중학년, 고학년에 따라 달라지는 성취 기준처럼 아이들의 발달 수준과 습득 정도에 따라 위계 있는 과학 학습이 되어야 합니다.

04

모둠 실험에서 주도적인 아이 vs. 겉도는 아이

과학 교육과정에 있는 모든 실험을 모든 아이들이 손수 경험해 볼 수 있다면 가장 이상적이겠지요. 그러나 현실적으로 학교 수업에서 아이들 한 명 한 명에게 모든 실험 과정을 경험시켜주기에는 절대적으로 시간이 부족합니다. 게다가 교실에서 실험을 할 수 있는 주제도 제한적이고, 특히 과학 실험은 안전 문제도 신경을 써야 하니 많은 실험을 경험시키기에는 한계가 있습니다. 실험 기구와 재료에 필요한 비용 문제도 있지요. 그래서 대부분의 과학 실험은 개인이 아닌 모둠 단위로 진행됩니다.

모둠 실험을 진행해보면 아이들의 성향이 가장 극명하게 나타납니다. 모둠 실험에서 주도적인 아이와 겉도는 아이가 바로 나뉘는 것이지요. 아무래도 3학년 첫 모둠 실험 때는 말을 잘하고 똑똑한 친구들, 특히 선행학습을 진행한 친구가 주도적인 경우가 많습니다. 실험을 해봤거나 결과를 이미 알고 있으니 적극적으로 뛰어들지요.

그렇다고 과학 선행학습을 시켜야겠다고 생각하시면 안 됩니다. 이런 친구들은 4학년이 되면 바로 제 실력이 드러납니다. 선행학습에서 배운 결과대로 실험이 나오지 않으면 곧바로 실망하고 좌절하지요. 그렇다 보니 금방 실험 수업에서 기운이 빠지고 딴짓을 하고는 합니다. 겉도는 아이로 변해버리는 순간이지요. 실험을 하다 보면 실패하는 경우가 나오는 것이 정상입니다. 시행착오의 과정을 거치며 문제의 원인을 찾고, 다시 결과를 도출해내는 힘을 기르기 위해 실험 수업을 하는 것이니까요.

실제로 실험 시간에 겉도는 친구들은 흔히 생각하는 것처럼 소극적인 아이, 얌전한 아이가 아닌 경우가 많습니다. 과학 학습 자체에 흥미가 없는 아이들, 또는 자신이 주인공이 되어야만 학습에 참여하는 아이들이 오히려 겉도는 경우가 많지요.

모둠 학습은 결코 쉽지 않습니다. 더군다나 모둠 실험이기 때문에 누군가는 실험을 주도적으로 이끌어야 하고, 실험 절차에 맞춰 준비물을 챙겨야 하고, 마지막으로 뒷정리까지 해야 합니다. 이 과정들은 모두 안전에 유의하면서 선생님 말씀을 이행할 수 있는 아이, 모둠원과 협조적인 아이들이 주도적으로 이끌어갈 수 있습니다.

앞에서 선생님이 아무리 설명을 해도 듣지 않다가 자신만의 방식대로 실험을 진행하는 어설픈 선행 실험자 아이들, 선생님과 친구들 눈에 띄는 폼나는 역할만 하려는 주인공 아이들, 안전과 실험에는 관심 없고 옆자리 친구들한테 장난만 치려는 아이들은 당연히 계속해서 주의를 받게 됩니다.

따라서 내 아이가 소극적이라고 모둠 실험에서도 겉돌 것이라는 생각은 하지 않으셔도 됩니다. 오히려 마지막에는 이 친구들이 주도적으로 모둠 실험 결과를 마무리하는 경우들도 꽤 많습니다.

05

아이의 호기심을 학습력으로 이어주는 '관심 노트' 활용법

아이가 문득 과학에 대해 관심을 갖기 시작하는 순간이 있습니다. 처음에는 공룡을 좋아하다가 자동차의 원리를 궁금해하고, 다음에는 동물의 한살이, 그다음에는 우주까지로 관심의 영역을 넓혀 가지요. 밤과 낮은 왜 생기는지, 드라이아이스가 흔적도 없이 사라지는 이유는 무엇인지, 엘리베이터는 어떻게 작동되는 건지 궁금증이 폭발하는 시기이기도 합니다.

이 순간이 아이가 과학 프로젝트 학습을 진행하기 가장 좋은 시기입니다. 흥미와 관심이 없어지기 전에 지식으로 습득할 수 있도록 이끌어줄 필요가 있지요.

매 학기 과학 교과서는 아이가 탐구 주제를 설정하고, 가설과 실험 계획을 세우는 내용이 있습니다. 자신이 관심 있는 분야가 있으면 수월하게 탐구 주제를 설정할 수 있지요. 실제로 매년 진행하던 과학의 달 행사 중에서도 '물 로켓 만들기'나 '글라이더 날리기' 같은 행사성 대회는 사라졌어도 '프로젝트 학습 발표'나 '과학 토론' 같은 내용은 지속되고 있습니다. 다시 말하면 자신이 좋아하는 주제에 대해 자료를 수집해 정리하고 발표하는 것이 가장 중요한 역량으로 남은 것이지요.

실제로 제가 과학 업무를 맡았을 때 진행했던 과학탐구 토론 대회에서 만난 친구가 있습니다. 이 친구는 어렸을 때부터 관심사가 생기면 늘 책을 찾아 자신의 언어로 독서록을 쓰던 친구였습니다. 시간이 지날수록 독서와 함께 아이의 과학 지식은 무한히 쌓여갔지요. 토론에서 상대팀의 무한 공격에도 아이는 끊임없이 자신의 지식으로 대답을 해나갈 수 있었습니다. 오히려 상대팀에게 질문한 것은 상대를 쩔쩔매게 만들었지요.

'미래 식량으로 곤충이 적합한가'에 대한 주제도 마찬가지였습니다. 평소 곤충에 대해 관심이 있어 꾸준히 정보와 지식을 쌓은 친구는 막힘없이 프레젠테이션을 하며 보는 이로 하여금 '자신이 좋아하는 것이 확실한 전문적인 아이'라는 느낌을 심어주었죠.

〈별별 이야기〉라는 애니메이션이 있습니다. 그중 '사람이 되어라' 편을 보면, 곤충을 좋아하는 고릴라 아이가 등장합니다. 학교 선생님과 아버지는 고릴라 아이에게 사람이 되어야 한다며 공부를 강요합니다. 대학에 가야 사람이 될 수 있다는 것이죠. 억압된 학교생활에서 아이가 자유를 느끼는 곳은 숲속 장수풍뎅이들과 함께하는 공간뿐입니다. 아이는 그곳에서 자신이 좋아하는 곤충을 실컷 관찰하며 진정한 공부를 하게 됩니다. 그리고 그 덕분에 부모님이 그토록 염원하던 사람이 되지요. 그런데 정작 사람이 되니 선생님과 아버지는 아직 사람이 되면 안 된다고 합니다. 지금 사람이 되면 안 되고 대학에 가서 사람이 되어야 한다는 것이죠. 자신의 진짜 공부를 알아주지 않고 대학만을 외치는 어른들에게 절망한 아이는 다시 고릴라가 되어 학교에 등교하며 이야기가 끝납니다. 너무나도 안타까운 이야기지요. 진정한 공부의 목적을 잊은 어른들에게 큰 울림을 주는 애니메이션입니다.

곤충을 사랑하는 고릴라 아이처럼 우리 아이에게도 확실한 관심 분야가 있다면 정말 축복으로 생각해야 합니다. 오늘날 고등학생 자녀를 둔 부모님들이 가장 많이 하는 고민 중 하나는 "우리 아이는 좋아하는 것이 없어요. 하고 싶은 것이 없대요"이기 때문입니다.

그렇다면 아이가 좋아하는 것을 찾게 하려면, 관심 분야를 더욱 키워주려면 어떻게 하면 좋을까요? 만약 아이가 과학 분야에 관심을 갖는 것이 생기면 바로 '관심노트'를 작성하도록 지도해주세요. 양식은 어떤 것이든 상관없습니다. 꼭 노트에 쓸 필요도 없습니다. 종합장이든, 스케치북이든, 낱장 종이여도 괜찮습니다. 낱장 종이에 적었다면 파일철을 해서 묶어줄 수 있으니까요.

자신이 좋아하는 것에 대해 꾸준히 기록하고 정리해서 자신만의 언어로 만들어내는 것은 포트폴리오 작성의 시작입니다. 초등학교 고학년이 되어서 거창하게 시작하려 하지 말고, 저학년 때부터 아이가 관심 갖는 부분에 대해서 꾸준히 관찰, 기록, 조사, 수집하도록 해주세요. 부모님이 모든 것을 알아서 설명해주기보다는, 조금씩이라도 아이가 스스로 찾아보고 알아가도록 이끌어주는 것이 좋습니다. 자신만의 관심노트가 책처럼 묶여 있으면 아이들은 더 뿌듯함을 느낄 수 있습니다.

실제로 이렇게 작성하기 시작한 관심노트는 이후 아이의 진로 탐색에도 많은 도움이 됩니다. 진로 교육에 있어 가장 중요한 것이 바로 흥미에서부터 출발한다는 것이기 때문입니다. 아무리 좋은 내용이라도 아이의 관심을 이끌어내지 못하면 이미 역할을 다하지 못한 것입니다. 따라서 아이가 부모님과 여행 중에, 또는 책을 읽다가, 텔레비전을 보다가, 어느 순간에서든 생겨나는 그 관심과 흥미를 잘 이끌어내서 아이의 과학 지식과 진로로 이끌어주겠다는 장기 프로젝트를 계획해보세요.

영어와 과학을 함께 공부하는 외국 과학 유튜브 활용법

아이의 영어 수준이 높아지면 선택 폭도 늘어납니다. 우리나라에서 만들어진 영상뿐만 아니라 과학적으로 수준 높은 나라의 영상들을 번역 없이 볼 수 있다는 것은 엄청난 행운이지요.

실제로 제가 가르쳤던 친구들 중에 영어를 마스터한 후 초등학교 고학년부터 외국 유튜브 채널을 통해 학습하는 아이들이 꽤 됩니다. 영상과 함께 영어 설명 그대로 학습을 받아들이기 때문에 원어민과의 디베이트 수업에서도 상당한 실력을 발휘할 수 있게 됩니다. 영어를 마스터하지 않았더라도 틈틈이 시간이 날 때마다 영어 유튜브 채널을 시청하다 보면 자연히 영어에 대한 접근성도 좋아지지요.

영어 유튜브 채널이라고 해서 꼭 영어를 잘하는 고학년 아이들만 볼 수 있는 것은 아닙니다. 초등학교 저학년 때부터 틈틈이 시도해볼 수 있는 채널들을 소개합니다.

영어와 과학을 함께 공부하는 외국 과학 유튜브 채널

1. Kurzgesagt

채널명은 '쿠르트게작트', 독일어로 '간단히 말해서'라는 뜻. 빅뱅, 양자 컴퓨터 같은 과학 위주의 애니메이션을 제작하여 업로드해준다. 영어 수준은 어렵지만 화면만으로도 이해가 가능해서 저학년 아이들도 흥미를 가지고 볼 수 있다.

2. Ryan's World

주인공 아이가 진행하는 놀이, 과학 실험 등 유용한 영상이 가득한 채널.

3. Magic School Bus

우리나라에서도 〈신기한 스쿨버스〉라는 이름으로 방영된 적 있는 애니메이션 시리즈. 유튜브 채널은 아니지만, 유튜브를 통해서도 영어로 감상할 수 있다. 선생님과 주인공 아이들의 과학 탐험 이야기로 초등학교 저학년에게도 적합하다.

*** 영어가 아직 어려울 때 볼 수 있는 한국 과학 유튜브**

지니어드벤쳐(공룡, 과학), 과학드림

프리토킹이 가능한 높은 수준의 친구들을 위한 추천 유튜브 채널

1. Ted-ed

교육 목적으로 제작된 영상이 가득하다.

2. Our Planet

압도적인 스케일과 전 인류를 위한 메시지가 담겨 있는 다큐멘터리 시리즈. 넷플릭스 영상이지만 유튜브로도 감상할 수 있다.

3. National Geographic

과학자들과 포토그래퍼, 저널리스트, 영화감독 등에 의해 제작된 수준 높은 영상을 감상할 수 있다.

과학 잡지, 연계도서, 한생연까지 최고 가성비 비교

과학 분야는 이론으로 접하기는 어렵지만 시중에 사진과 동영상 자료가 가득해서 어렸을 때부터 부담 없이 접하기 쉽습니다. 이론적인 부분은 몰라도 DNA 유전자 그림과 자율주행 자동차 영상 등은 아이들이 충분히 재미나게 볼 수 있기 때문이지요. 과학 신문, 잡지 등으로 해당 용어를 접해보기만 했어도 과학 수업에서 흥미를 느끼고는 하기 때문에 구입해두면 가성비가 높은 부분이지요.

과학 잡지

추천하고 싶은 것은 동아사이언스에서 매달 두 권씩 출간되는 어린이 과학 잡지인 《어린이 과학동아》입니다. 아이들 눈높이에 맞춘 과학

기사와, 과학 교육과정이 연계된 콘텐츠, 과학 학습만화 등이 실려 있어 초등학교 저학년 아이들도 쉽게 접할 수 있습니다. 이 외에도 《과학동아》, 《과학소년》(학교, 기관, 기업 등만 구독이 가능), 《BBC사이언스》도 많이 보는 과학 잡지입니다.

아이가 과학에 관심이 많고 과학 영재에 가까운 친구들은 중고등학생이 보는 《뉴턴Newton》, 《내셔널 지오그래픽》도 추천합니다. 지금 소개한 과학 잡지들은 처음부터 전집으로 구입하거나 구독하는 것보다 도서관에서 먼저 살펴보는 것을 추천합니다. 그리고 아이가 관심을 가지면 당근마켓이나 중고나라 혹은 해당 사이트에서 과월호를 구입하는 것도 방법입니다. 가격은 반도 안 되는데 읽을 것은 정말 많지요. 저 역시도 아이들에게 중고나 과월호 잡지를 많이 사줬습니다. 가격이 저렴하니 더 여러 권을 사줄 수 있고, 실컷 읽히고 학교 과제에서 필요한 경우에는 마음껏 잘라서 사용하는 등 부담 없이 활용할 수 있었지요.

과학 연계도서

뭐니 뭐니 해도 아이들이 가장 많이 보는 불변의 과학 책은 『Why』 시리즈이지요. 우주, 바다, 지구에서부터 동물, 곤충, 인체까지 정말 다양한 시리즈로 구성되어 있고, 과학 시리즈만 해도 99권에 이릅니다. 만화로 되어 있고 내용도 재미나서 어렸을 때는 만화만 보다가 클수록 이론과 내용을 살펴보게 되는 책이지요.

비교적 최근에 출시된 학습만화 시리즈로는 『Live 과학』도 있습니다. 이 시리즈는 함께 제공되는 앱을 깔고 인식시키면 라이브 영상으로 연결되어 학습 효과를 더욱 높여줍니다. 4차 산업혁명, 코딩과 프로그래밍, 사물인터넷, 슈퍼컴퓨터, 가상현실, 증강현실 등 흥미로우면서도 요즘 시대에 알아두어야 할 내용들이 가득합니다.

『내일은 실험왕』 시리즈도 좋습니다. 이 시리즈는 아이가 학습만화를 본 뒤, 책 속에 등장하는 실험을 직접 해볼 수 있는 키트까지 제공되어 나오기 때문에 학습 효과가 더 큽니다.

아이가 학습만화로 재미를 붙이고 나면 『선생님도 놀란 과학 뒤집기』 기본편과 심화편으로 아이의 과학 지식을 다져줍니다. 『선생님도 놀란 뒤집기』 시리즈는 2020년 학부모가 뽑은 교육 브랜드 대상을 수상할 정도로 인기가 많은 책입니다. 과학 교과과정의 내용을 스토리텔링으로 꾸며내어 과학 교과서의 개념과 원리를 이해하는 데 많은 도움이 됩니다. 내용마다 꼭 알아야 할 용어와 과학 원리가 설명되어 있어서 실험관찰 작성에도 도움을 받지요. 특히 책이 개정된 이후에는 인터넷 영상 강의까지 제공되어 별도의 인터넷 강의를 신청할 필요가 없어졌지요. 시리즈 도서라고 하여 꼭 전집으로 사야 할 필요는 없습니다만, 『선생님도 놀란 뒤집기』 시리즈는 전 권을 소장해도 아깝지 않을 정도입니다.

과학 체험 수업

과학 체험 수업은 주로 실험 위주의 수업으로, 가정 방문 선생님 수업과 센터에 가서 직접 배우는 수업이 있지요. 방문 수업 중에서는 '하연과학', 센터 수업 중에서는 '한생연'을 추천합니다.

하연과학은 주 1회 1시간 정도 그룹 수업으로 진행됩니다. 가까운 곳에 교습소와 실험방이 있으면 센터 수업도 가능하지만, 대체로는 선생님이 집에 오는 방문 수업을 선호하지요. 4인 기준으로 주 1회씩, 혹은 월별로 학습 가정을 바꾸어서 진행하는데, 아이들의 학습 태도와 교우 관계까지 볼 수 있어서 방문 수업을 선호하는 분들도 있습니다. 가정에서 여러 아이가 모여 학습하니 간식을 챙겨야 하는 등 부담스러운 부분이 있긴 하지만, 저학년 아이들의 경우에는 친근한 우리 집이나 친

알아두면 유용한 과학 교육 콘텐츠

콘텐츠	이용 금액	형태
어린이 과학동아	• 월 2회 발행 • 권당 11,000원, 1년 정기구독료 21만 원 내외	책
선생님도 놀란 과학 뒤집기(기본)	• 40권 기준, 인터넷 영상 강의 포함 정가 56만 원	
하연과학	• 주 1회 1시간, 2가지 실험 체험학습 • 2~4인 기준 8만 원 내외(1인은 별도)	수업
와이즈만 과학	• 주 1회 18만~20만 원(셔틀 이용료 별도)	
한생연	• 평일 주 1회, 주말 격주 월 2회 • 월 20만 원 내외 • 입단비, 실험 교구비 별도	

구 집에서 하는 실험들이 아이들의 흥미를 더욱 높여주는 장점이 있습니다.

센터 수업 중에 대표적인 한생연 생명과학교육연구소는 종로, 목동, 반포, 강남, 잠실, 분당에만 위치하고 있어서 아이가 과학을 좋아하거나 해당 분야에 전문적인 수업을 받게 해주고 싶은 경우 직접 아이들을 데려다주며 수업을 듣게 하기도 합니다. 방송에도 여러 번 등장했고, 풍부한 과학 기자재와 전문적인 수업을 제공해 만족도가 높지요. 초등 저학년 기준으로, 월 4회 70분 수업(평일), 혹은 월 2회 140분 수업(주말)으로 진행됩니다.

또 다른 추천 센터 수업으로는 '와이즈만'이 있습니다. 와이즈만 역시 초등학생 수준에 맞춰 실험을 진행하고, 과학 일기를 과제로 내줍니다. 이곳 역시 많은 아이들이 선호하고 있지요.

과학 사교육, 계속해야 할까요?

Q.

저는 아이가 초등학교에 입학하면서부터 사교육비의 제한선을 정해두고, 그 선을 넘지 않으려고 늘 신중하게 고민하며 결정했습니다. 그런데 아이가 초등 3학년이 되면서부터 사교육비 제한선에 위기가 찾아왔습니다. 영어, 수학, 과학, 피아노, 이렇게 해왔는데 최근에 논술을 추가하게 되었거든요. 이렇게 추가하다 보면 고학년이 되었을 때 교육비가 너무 늘어날 것 같아 다시 사교육을 줄이려고 합니다. 3학년인 지금 꼭 필요하지 않은 과목을 고르려니 과학을 고민하게 되었습니다. 과학 사교육, 초3에 꼭 필요할까요?

A.

초등 시기의 과학 사교육이라고 하면 방문 수업과 센터 수업을 말합니다. 이 수업들이 실험 실습과 더불어 과학 토론까지 진행되는 수업이다 보니 학생과 학부모의 만족도가 무척 높은 편이지요. 다만 아이가 과학으로 진로를 선택할 상황이 아니라면 초등학교 고학년이 되면 혼란스러워집니다. 처음 시작은 과학에 대한 부담을 줄이고 흥미를 높이기 위한 것이었기 때문이지요. 그래서 실제로 초등학교 고학년이 되면 실험 위주의 과학 사교육은 많이들 줄이게 됩니다.

그러나 아이가 과학에 재능이 있어 과학 영재로 키우고 싶은 부모님들은 초등학교 때 실험 위주의 체험 수업을 접하게 하다가 와이즈만 영재교육, CMS 에듀, 또는 대치동 시리우스 학원처럼 유명한 과학 전문 학원으로 갈아탑니다. 그런데 제가 한 가지 조언을 드리자면, 과학고등학교와 과학예술영재고등학교를 준비하고 있다면 초등학교 저학년 때부터 계속해서 과학에만 시간을 쏟지 말고 재능을 보이는 초등학교 고학년 이후부터 전문적인 과학 수업을 진행하는 것입니다. 초등학생 시기의 과학 교육은 아이의 흥미를 높이고 용어와 실험에 부담감을 줄이는 것을 목표로 해야 합니다.

물론 과학 사교육을 꼭 해야만 하는 것은 아닙니다. 아이가 과학에 대해 관심이 많으면 관련된 책이나 잡지, 유튜브 영상 등을 통해서 충분히 학습할 수 있기 때문입니다. 특히나 초등학교 과학의 경우는 전문적인 내용보다는 간단한 실험 실습과 실험을 통해 알게 된 내용을 설명할 수 있도록 교육하는 것을 목표로 합니다. 따라서 학교 과학 시간에 집중하는 것만으로도 사실 충분하지요.

만약 아이가 좀 더 다양한 과학 실험을 체험해보고 싶어 한다면, 과학사에서 교재와 실험 키트를 구입하여 엄마표로 진행할 수 있는 것들도 참 많습니다. 설명 영상도 첨부되어 있어서 집에서도 어려움 없이 할 수 있습니다.

PART 3

선생님이 답해드립니다! 초등 공·사교육 고민 상담소

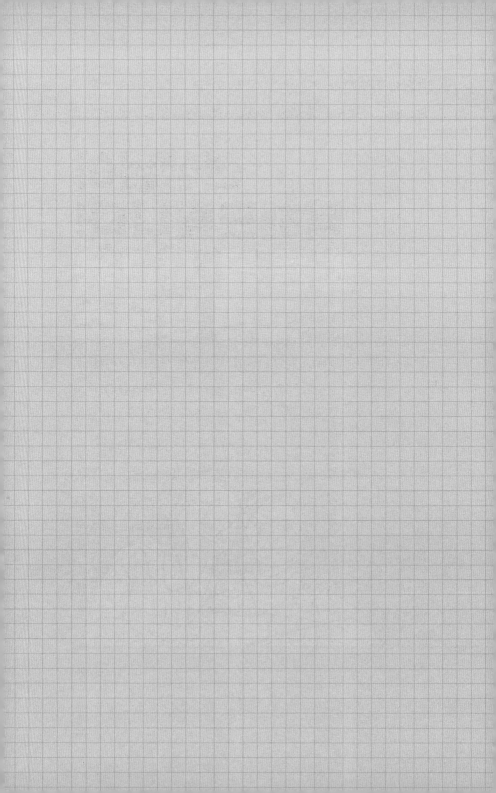

01

수학 성적 올리는 데 주산·연산 학원이 도움이 될까요?

반복적인 연산보다 사고력을 넓히는 것이 먼저입니다!

6~9세 때는 학습지로 아이를 지치게 하지 말아야 합니다. 부모님이 지나치게 욕심을 내서 하나씩 추가되도록 하면 안 됩니다. 교육철학을 세우고, 흔들리지 않는 마음으로 정말 필요한 것만 시키세요. 이미 알고 있는 것을 계속해서 반복시키기보다는, 다양한 것을 배우고 느끼고 이해하는 아이로 키워야 합니다. 이 시기에 지루한 반복 연산 학습지를 하느라 시간을 버리면 안 됩니다. 이때 사고력을 확장시켜야 3학년 때부터 진행되는 사고력 연산, 서술형 문제

에 두각을 나타내는 아이가 될 수 있습니다.

실제로 저를 비롯한 초등 교사들은 대부분 자녀에게 학습지를 많이 시키지 않습니다. 아예 하지 않는 경우도 많고, 하더라도 학습 태도를 잡기 위해 한두 개 정도 시작하다가 정리하는 분들이 많지요. 너무 오랜 기간을 학습지에 의존하지 마세요. 중점 문제집 한두 권으로 추가 학습을 대신하고, 연산이 필요한 경우에는 '일일수학' 같은 무료 연산 학습 사이트에 들어가서 문제지를 프린트해서 제공해주세요. 아울러 전 세계적으로 무료 학습을 제공하는 '칸 아카데미Khan Academy'도 이용할 수 있습니다. 초등 저학년은 충분히 엄마표 학습이 가능한 시기입니다.

02

초등 저학년, 악기 레슨 필요할까요?

가급적 추천합니다! 단, 아이가 원한다면요!

제법 능숙하게 다룰 수 있는 악기가 있다는 것은 축복입니다. 실제로 자사고와 특목고 및 대학 입시에서도 1인 1악기 활동이 강조되고 있습니다. 나아가 다른 악기들과 어우러지는 오케스트라 활동 및 악기를 이용한 봉사 활동도 할 수 있지요.

저는 가능하다면 악기 교육은 추천하고 싶습니다. 초등학교 저학년의 경우 악기 교육은 자기 통제력과 집중력을 기를 수 있기 때문이지요. 단, 아이가 원한다면 즐겁게, 1년이 지나도 싫다는데 다니라고 강요하는 것은 아니라는 것을 기억해주세요.

음악이 필요한 순간 1 - 자신감의 경험

초등교사로 18년을 근무하면서 다양하고 특별한 경험이 몇 번 있었습니다. 매년 연말이 되면 학급에서 학예회를 진행하는데, 이때 너무나도 멋지게 자신의 끼를 펼치는 아이들을 볼 때입니다. 특히 악기를 다룰 줄 아는 아이들은 이런 날 스타가 됩니다.

아직도 기억에 남는 친구는 플루트로 〈에델바이스〉를 연주했던 친구지요. 당시 2000년대 초반에는 플루트를 연주하는 친구가 많지 않았던 터라, 연주가 상당히 서툴렀음에도 아이는 우레와 같은 박수를 받았습니다. 평소에는 너무나 조용했던 아이라서 학급에 있는 듯 없는 듯 했던 아이인데 전체 박수를 받았던 그 경험은 후에 아이에게 엄청난 자신감이 되었지요. 그리고 한국에 온 지 얼마 안 되어 친구를 사귀는 데 어려움이 있던 귀국 학생 제자는 클래식 기타를 가르쳐주며 금세 친구를 만들기도 했습니다.

이렇게 돋보이기 좋은 날, 발표할 것이 없어 늘 남들과 똑같은 평범한 것만 하고 있는 제자들이 안타까워 보이는 건 교사들만 아는 비밀입니다. 이런 특별한 행사가 아니더라도, 음악 교육과정 따라 3학년이 되면 리코더를 시작하고 5학년이 되면 단소를 시작합니다. 이때 미리 불어보았거나 부모님과 연습을 해봤던 친구들은 자신감이 넘칩니다. 모두 나만 바라보고 있는 그 순간에 끝까지 삑소리 없이 해낸 아이들의 표정에는 뿌듯함이 넘쳐 흐르지요. 악기를 할 줄 알면 자존감이 높아지는 건 순식간입니다.

음악이 필요한 순간 2 - 감정 해소와 교감

음악 활동을 통해 다른 사람과 교감을 느끼고 맞추는 것을 배웁니다. 끝까지 해내야 하는 끈기도 배우지요. 나아가 더 크면 '1365 자원봉사포털'에 신청하여 봉사 활동으로 연주회를 다닐 수도 있습니다. 특히나 요즘 같은 코로나 상황에서는 놀 게 없을 때 악기를

연령별 추천 악기

초등 저학년을 위한 추천 악기
피아노, 리코더, 우쿨렐레, 칼림바, 플루트, 바이올린, 오카리나 등
초등 고학년을 위한 추천 악기
첼로, 클라리넷, 클래식기타, 베이스기타, 드럼 등

연주하며 무료함을 달랠 수도 있습니다. 온라인 학습으로 지쳤던 마음을 스스로 푸는 방법을 찾아갈 수 있는 것이지요.

간혹 전교 1등 아이들이 피아노를 치거나 드럼을 연주하면서 스트레스를 날려버린다는 이야기를 들어본 적 있으시지요. 저는 악기를 꾸준히 한 친구들이 공부도 잘하는 경우를 많이 보았습니다. 그래서 여력이 있다면, 즐거운 마음으로 할 수 있다면, 1인 1악기를 추천합니다.

03

체육 학원, 가기 싫어하는데 맞벌이라 어쩔 수 없어서 고민이에요

1인 1운동은 필수

주변에서 가장 쉽게 접할 수 있는 체육 학원은 역시 태권도입니다. 하교 시간에 맞춰 아이들을 데리러 오는 사범님은 초등학교 저학년 때 부모님이 마중 나온 것 이상으로 아이들이 뿌듯해하거든요. 도복을 입은 사범님의 손을 잡고 당당히 도장으로 가는 친구들은 또래의 다른 반 친구들도 빠르게 사귀며 교우 관계도 넓어집니다. 맞벌이 가정인 경우 아이를 픽업해주고 교육도 시켜주는데 학원비 면에서도 다른 학원보다 저렴한 편이라 돌봄 서비스에 있어서도 좋은 대안이 됩니다. 초등학교 고학년까지 계속 다닐 경우 4품까지 취득하면서 입시 및 장래희망으로 연결지을 수도 있습니다.

과격한 운동을 싫어하는 여자 친구들은 발레를 하기도 합니다. 아이의 체형 및 운동 측면에서 많은 도움을 받을 수 있습니다. 실제로 유치원 때부터 발레를 배운 친구들은 꾸준히 진행하면서 바른 자세와 체형을 갖추어 친구들의 부러움을 사기도 합니다.

시간과 경제적인 여유가 된다면 수영은 꼭 추천합니다. 초등학교 3학년이 되면 학교에서도 필수 학습으로 '생존 수영'을 배우기 때문입니다. 생존 수영 수업 때는 수영 강사 한 분이 여러 아이를 가르치기 때문에, 가능하면 그 전에 수영을 배워놓는 것이 여러모로 좋습니다. 3학년 때까지 수영을 접해보지 않으면 처음 물에 들어가는 수업에서 적응하기 어려워할 수도 있기 때문입니다. 실제로 예전에 한 아이가 생존 수영 때마다 울면서 수업을 거부하여 10차시 마지막 수업까지 대기실에서 머문 적도 있었습니다.

그러나 저학년 때 수영을 배우는 것을 단순히 선행학습 때문이라고 생각하지는 말아주세요. 많은 선진국에서도 수영은 필수 과목이며, 우리나라도 예전부터 고급 사립학교와 공립학교에서는 수영 수업을 진행해왔습니다. 수영은 아이들에게 필수적인 운동이며, 한 번 배워두면 평생 써먹을 수 있는 아주 유용한 기술입니다.

체력은 곧 학력으로

초등학교 저학년 때 꼭 지켜야 하는 것은 1인 1운동입니다. 아이의 체력 키우기가 가장 중요하지요. 실제로 많은 친구들이 국영수 위주의 학습만 진행하다가 약해진 체력으로 초등학교 고학년 때부터 탈이 나는 경우가 많습니다. 따라서 초등학교 저학년 때는 체력을 기르는 것이 무척 중요합니다.

많은 초등학교 고학년 학부모님들이 아이를 키우며 가장 후회되는 것 중 하나로 초등학교 저학년 때 운동을 시키지 않고 문제집을 더 풀렸던 것을 꼽기도 합니다. 그만큼 체력은 고학년이 되어 학습량이 늘어날수록 더욱 절실히 필요한 능력입니다. 따라서 운동이 필요한 순간을 훗날로 미루지 마시고 초등학교 저학년 때부터 탄탄하게 기초를 마련해주세요.

교감하며 사회성 기르기

만약 아이가 운동을 거부한다면 어떤 이유 때문인지를 살펴보세요. 운동 그 자체를 싫어하는 아이는 거의 없습니다. 반 아이들을 대상으로 좋아하는 과목을 조사하면 30여 명 중에 20명 이상의 아이들이 체육을 꼽지요. 그래서 오죽하면 이런 조사를 할 때는 체육을 제외하고 설문하기도 합니다.

이처럼 아이들은 기본적으로 신체 활동과 움직임을 좋아합니다. 그런데도 아이가 운동을 거부한다면 운동 종목이 아이의 성향과 맞지 않거나(가령 발레처럼 여성적인 운동을 좋아하는 아이에게 태권도를 보낸 경우, 물에 트라우마가 있는데 수영을 보낸 경우 등), 혹은 운동 학원에서 선생님 혹은 친구들과 관계에 어려움이 있는 경우일 수 있습니다.

운동을 다니는 이유는 체력을 기르기 위해서이기도 하지만, 그곳에서 친구들과 함께 땀 흘리고 교감하면서 사회성을 기르려는 목적도 있지요. 학교에서 자유 시간이 주어지는 경우 대부분의 여자아이들은 피구, 남자아이들은 축구로 하나가 됩니다. 초등학교 고학년 때까지 거의 비슷하지요. 이럴 때 "나는 피구도 싫고, 축구도 싫어"라고 말하는 아이들은 두 가지로 나뉩니다. 피구, 축구라는 너무나 동적인 운동을 싫어하는 아이(운동 종목 자체가 맞지 않는 경우)이거나, 아이들 사이에 쉽게 끼지 못하기 때문에 싫어하는 아이(교우 관계 문제)입니다.

따라서 아이가 운동을 싫어한다고 생각된다면, 아이의 성향과 운동 학원의 분위기를 살펴보고, 아이에게 맞는 운동을 제시해보시는 것이 좋습니다.

04

코딩 교육이 필요할까요?

코딩 교육이 부각되었습니다. 교육과정 안으로 코딩이 들어오면서, 아니 사실은 들어오기 전부터 코딩을 배워야 한다는 열풍이 불어 많은 아이들이 학원을 다니기 시작했습니다. 실제로 2018학년도부터 중학교에서 코딩 교육이 의무화되었습니다. 현재 중학생은 연간 34시간, 초등학교 5~6학년은 17시간 이상 코딩을 배우고 있습니다.

초등학교 6학년에 첫 코팅 교육이 시작됨에도 불구하고, 이미 편차가 무척 큰 경우가 많습니다. 방과 후 로봇 수업, 컴퓨터 프로그래밍 등을 배운 친구들은 이미 5학년 정도가 되면 상당한 수준인 경우가 많지요. 그러나 교육과정상으로는 첫 시작이 6학년입니다. 그렇다 보니 초등 저학년부터, 심지어 유아를 대상으로도 당장 코딩을 배우지 않으면 큰일 날 것처럼 부추기는 분위기가 많지요. 그런데 우리는 정말 코딩을 꼭 배워야만 할까요? 무엇을 위해서 배워야 하는 것일까요?

최근 카카오, 네이버, 구글, 페이스북 등에 종사하는 프로그래머들이 각광을 받으면서 코딩 교육은 더욱 관심이 높아졌습니다. 코딩 교육은 이제 전 세계적인 흐름으로 보는 것이지요. 페이스북 창업자인 마크 저커버그 역시 "읽기, 쓰기 교육만큼이나 코딩 교육이 중요하다"고 말했으니까요.

코딩 교육이 중요한 것은 사실입니다. 그러나 그렇다고 꼭 학원을 다녀야만 하는가는 점검해보아야 합니다. 많은 학부모님들이 국영수 외에 코딩까지 해야 하니 머리가 아프다고들 합니다. 학원가에서 뿌려지는 코딩 교육 안내장과 곳곳의 광고판을 보면 더욱 심난해지지요.

게다가 부모님 세대는 코딩을 모르는 경우가 많으니 불안을 더욱 자극합니다. 당연히 부담스러워지고 사교육에 의지하게 되지요. 그러나 실제로 현장에서 보는 코딩 교육은 그렇게까지 실력차가 두드러지지 않습니다. 특히나 초등학교에서는 코딩을 왜 해야 하는지와 가장 기본적인 코딩 개념을 배울 뿐입니다.

현재 초 · 중학교에서 진행하는 코딩 교육은 코딩 프로그래머를 키워내기 위한 것이 아닙니다. 코딩을 통해 컴퓨터 언어와 원리를 이해하고, 논리적 사고력을 키우기 위한 것이지요. 초등학생에게 코딩 교육이 접목된다 하니 프로그래머였던 남편이 깜짝 놀랐던 것이 생각납니다. 초등학생들에게 C언어, C+언어를 가르친다는 것인 줄 알고 깜짝 놀랐던 것이지요. 그런 프로그래밍 지식은 나중에 필요할 때 배워도 충분하다는 것입니다.

저희 남편은 프로그래머였습니다. 이 이야기를 하면 아이들은 좋겠다고 말합니다. 마치 게임을 실컷 하는 프로게이머처럼 하루 종일 컴퓨터를 하며 놀 수 있는 사람이라고 생각하는 거지요. 그러나 실제로 프로그래머는 컴퓨터 프로그램의 논리나 알고리즘을 설계하고 프로그램을 작성, 테스트하는 사람을 말합니다. 상당한 수준의 논리성이 요구됩니다. 한 번 논리적 실수를 범해서 생기는 오류를 찾으려면 몇 날 며칠을 자신이 짜놓은 프로그램을 거꾸로 되짚으며 찾아야 하지요. 아이들이 생각하는 것처럼 결코 재미있는 직업은 아닙니다. 그럼에도 불구하고 코딩 자체는 상당히 논리적이기 때문에 그 직업에 적합한 사람들이 선택해야 합니다.

따라서 초등학교 저학년 때는 코딩에 아이가 관심을 갖는 정도로만 활용하셔도 됩니다. 무료 소프트웨어 교육 플랫폼인 EBS 이솦(www.ebssw.kr)이나 네이버 엔트리(playentry.org) 정도로 접해도 충분합니다. 또한 무료 코딩 수업이나 체험 수업에 참여해보시는 것도 좋습니다. 무작정 배우지 않으면 안 될 것 같은 불안감에 바로 학원 등록을 할 필요는 없습니다. 아이가 정말 코딩을 재미있어 하는지 가정에서 먼저 확인해보고, 이공계로 진로를 희망한다면 초등학교 4학년부터 시작해도 늦지 않습니다.

실제로 저희 반 아이 중에 초등학교 저학년 때는 계속해서 방과 후 로봇 수업을 듣다가 재미를 붙여서 두각을 나타낸 아이가 있습니다. 이 아이는 다른 학업에서는 어려움이 많았지요. 특히 국어, 영어의 경우는 본인이 스트레스를 받을 정도로 부족한 아이였습니다. 그러나 4학년 때 빠르게 부모님과 진로를 정해서 코딩 수업과 드론 수업을 듣기 시작하더니, 중학교 때는 시 대표로 세계 로봇 올림피아드(World Robot Olympiad, 전 세계의 초·중·고·대학생들이 참가할 수 있는 로봇 제작 대회)에 출전하며 자신만의 스토리를 정한 경우가 있었습니다. 그런데 이런 친구들은 일부러 시켜서라기보다는 본인이 재미나서 프로그래밍을 하루 종일 하고 있는 경우가 많습니다.

그러니 영어처럼 코딩 교육을 하지 않으면 학교에서 뒤처질까 봐 걱정하실 필요 없습니다. 우선 가정에서 온라인 무료 교육 등을 통해 아이의 관심과 흥미도를 체크해보고, 아이가 흥미와 소질이 있다면 그때부터 적극적으로 코딩 교육을 진행하면 됩니다.

05

미술학원, 고학년 때도 보내는 게 좋을까요?

어렸을 때 표현할 수 있는 기회를 주세요

미술을 통해 길러내고 싶은 능력은 단연 표현력입니다. 자신의 감정과 느낌을 형과 색으로 자유롭게 나타내는 아이들을 보면 참 행복해집니다.

얼마 전 고학년 아이들과 함께 천연 모毛를 이용한 모빌 만들기 수업을 할 때의 일입니다. 가운데 하얀 천연 모로 심지를 만들고, 그 주위를 염색 모로 에워싸면서 공 모양 모빌을 만드는 단순한 미술 활동이었지요. 그런데 한 아이가 좀처럼 모양을 만들지 못하다가 결국 울고 말았습니다. 아무리 해도 동그란 모양이 안 되고 찌그러져 버리니 너무 속상했던 거지요. 알고 보니 이 친구는 어렸을 때의 미술 경험이 없었습니다. 어릴 때부터 지금까지 오로지 국영수만 공부해왔던 친구였어요. 안타까웠습니다. 어릴 때 경험하지 못한 것을 채워줄 수 없기 때문이지요. 고학년이 되어도 미술 시간에 사람을 그려야 할 때면 '졸라맨' 수준으로밖에 못 그리는 친구들도 많습니다.

되도록 어릴 때 다양한 미술을 접하게 해주세요. 점토 만들기도 자주 해보고, 색종이 접기도 많이 할 수 있도록 해주세요. 자신이 좋아하는 그림책의 등장인물을 따라 그려보는 놀이도 좋습니다. 다 쓰고 난 교과서에서 사람이나 동물 그림을 오려 종합장에 한 장씩 붙인 후, 일일 학습처럼 하루 한 그림씩 따라 그려보는 것도 좋습니다. 커다란 김장 비닐을 바닥에 깔고, 마음껏 손 도장을 찍어보며 놀 수도 있습니다. 아이가 어렸을 때 놀이처럼 다양한 미술 활동을 접해보고 표현할 수 있는 기회를 주세요.

미술은 재능일까 노력일까

교실에서 그림을 잘 그리는 아이는 동경의 대상입니다. 저학년 때는 자신이 좋아하는 캐릭터를 그리거나 아이클레이로 만들어서 친구에게 선물하기도 하지요. 아울러 교내에서 그림으로 표현하는 독후감, 4컷 만화뿐만 아니라 정밀화, 수채화까지 잘 그려내는 친구는 아이들이 무척 부러워합니다. 학교 게시판 뒤에 걸려 있는 그림을 보며 아이들끼리 친구들의 미술 실력을 평가하기도 하지요.

시간이 지날수록 미술은 재능 있는 친구들이 두각을 나타낸다는 걸 느낍니다. 그러나 초등학교에서의 미술 실력은 그 정도까지를 요구하지 않습니다. 즉, 노력하면 어느 정도 극복 가능한 수준입니다. 실제로 교실에서 보면 재능의 여부를 떠나 미술학원을 다녀본 아이들이 대체로 그림을 잘 그립니다. 그림 그리는 요령을 배운 것도 있겠지만, 보다 결정적인 이유는 그만큼 다른 아이들에 비해 미술 활동에 시간을 더 쏟았기 때문입니다.

제가 근무했던 초등학교는 시에서 운영하는 에코문화예술행복학교였습니다. 이에 3, 4학년은 수채화를 중점 교육 활동으로 잡았지요. 1년이 지나고 공개 수업을 할 때 다른 학교 선생님들과 장학사분들이 놀랄 수밖에 없었습니다. 3학년인데도 붓을 다루고 정리하는 능력이 월등했기 때문입니다. 보통 수채화가 시작되는 3학년과 서예가 시작되는 5학년은 미술 시간에 한바탕 소동이 일어나기 마련입니다. 그런데 수채화 중점 교육을 받은 아이들은 확실히 편안하게 수채화를 완성해내는 모습을 보였습니다.

재능이 있는 아이들도 그림 그리는 시간을 줄이면 실력이 줄어들 수밖에 없습니다. 최소한 초등학교에서의 미술 실력은 주 1회 미술 시간을 확보해놓는 것만으로도 따라갈 수 있는 수준입니다.

미술을 전공하고 싶다면?

고학년이 되면 미술을 정말 좋아하는 친구를 제외하고는 대부분 미술 학원을 그만둡니다. 다닐 시간이 없기 때문이죠. 그리고 아이가 미술을 전공할 것도 아닌데 계속 다니게 할 수 없다는 부모와 다니고 싶다는 아이 간의 실랑이도 종종 봅니다.

미술을 계속 하고 싶은데 코로나로 인해 학원을 다니기도 어렵고, 이제 수준 높은 미술을 배우려면 미술 학원이 밀집한 곳으로 가야 하니 포기하겠다는 친구가 있었습니다. 그래서 아이와 부모님께 온라인 취미 강좌 플랫폼인 '클래스101'을 추천해드렸습니다. 초등학교 고학년쯤 되면 스케치북에 그림 그리기에서 더 나아가 미술을 활용한 보다 다양한 취미 · 진로 활동을 시작해볼 수 있습니다. 이모티콘 만들기, 스톱모션 제작, 캘리그래피 등 분야도 다양한 미술 활동이 가능합니다. 그리고 아이가 소질이 있는 경우에는 장래 희망과 더불어 수익화도 가능하지요. 이제는 와콤과 애플펜슬, 태블릿PC를 이용해서 컴퓨터로 그림 그리기도 가능합니다. 따라서 아이들에게 다양한 방법을 안내하고 지원해주세요.

06

화상 원어민 영어, 실력이 늘고 있는 건지 모르겠어요

아이가 영어 학습을 꾸준히 했는데도 원어민만 보면 꿀 먹은 벙어리가 되는 경우, 경험해보셨나요? 실제로 영어유치원을 다니면서 원어민 선생님을 매일같이 접한 경우가 아니라면 이러한 일은 자연스러운 것입니다. 영어를 배웠다고 유창하게 원어민과 이야기하는 친구들은 생각보다 많지 않습니다.

부끄러움을 많이 타거나 처음 만나는 것에 대해 거부감이 큰 경우는 더욱 원어민과의 대화가 낯설 수 있지요. 그런데 많이 저지르는 실수 중에 하나가 원어민 선생님과의 수업에 아이를 무작정 집어넣는 경우입니다. 예를 들어 파닉스와 기초적인 단어, 회화가 안 되는 초등학교 저학년 아이를 무작정 원어민 선생님과의 수업에

밀어넣는 경우, 아이는 극도의 스트레스를 느낄 수 있습니다.

그런데도 많은 학부모님들이 우선 노출을 최대한 많이 시키는 것이 좋다는 말에 우선 원어민 선생님과의 시간을 확대합니다. 그렇다 보니 원어민과의 화상 수업이 어느 정도 진전을 보이고 있는지, 효과가 있는지 확인할 방법이 없지요.

더 어린 아이도 원어민과 놔두면 친숙해진다고 말씀하시는 분들도 있습니다. 그러나 그 시기 아이들이 원어민 선생님과 화상 영어처럼 대화 수업을 진행한 것인지 생각해보시라는 말씀을 드리고 싶습니다. 아마도 그 아이들은 원어민 선생님과의 놀이, 노래, 게임 등을 진행했을 겁니다. 아무것도 모르는 채로 30분, 1시간씩 수업을 한다는 것은 아이에게 가혹한 시간일 수 있습니다.

따라서 원어민 화상 영어를 하는 경우는 조금 더 전략적으로 이용하세요. 가령 파닉스를 어느 정도 떼고 나서 파닉스를 다지는 수업을 요청하거나, 주니어 토플을 보고 나서 라이팅만 더 살펴봐달라고 요청하는 등 구체적인 수업 계획을 세워 진행하시기를 추천드립니다.

저는 2011년부터 2014년까지 교육부에서 진행하는 온·오프라인 블렌디드 영어 교육과 관련하여 온라인 영어 교육과 화상 영어 프로그램을 전교생에 도입하여 교육부 장관 표창을 받은 적이 있습니다. 아울러 이와 관련된 사례 발표로 영국문화원에서 주관하는 행사에서 전 세계 영어 교사 중에 1위를 차지한 경험도 있지요. 이

때 제가 강조했던 부분은 '수준별 맞춤형 영어 교육'이었습니다. 다시 말하면 화상 영어라고 누구에게나 무조건 좋은 것이 아니라, 해당 아이의 수준에 맞게 온·오프라인 수업을 선택적으로 활용해야 한다는 것입니다.

화상 원어민 영어 교육을 선택할 때는 우선 시간 및 비용, 해당 원어민 선생님의 국적 및 학력, 발음, 업체의 신뢰성 등을 살펴보셔야 합니다. 그리고 아이의 학습 상태에 대한 피드백과 평가가 얼마나 상세히 진행되고 있는지도 점검해봐야 하고요. 시범 수업은 꼭 신청해서 들어보시는 것이 좋습니다. 시에서 보조금을 받아 지원되는 화상 수업의 경우에도 저렴한 가격에 현혹되지 마시고 앞서 말한 내용들을 꼼꼼히 챙기고 수정 사항을 요청해야 합니다.

우후죽순처럼 생겨난 화상 영어 수업을 잘못 선택하게 되면, '잘하고 있겠지' 하다가 결국 아이에게 안 좋은 기억만 남겨줄 수 있습니다. 아이도 원어민 선생님 수업을 들으며 수업 내용을 기록할 수 있고, 자신의 생각을 선생님께 어느 정도 표현할 수 있을 때 시작해도 늦지 않습니다.

07

한자 자격증 시험이 도움이 될까요?

유치원이나 어린이집의 7세 반이 되면 아이들 전원이 한자 시험을 보러 가는 경우가 많습니다. "8급을 땄다", "7급을 땄다"라고 말하며 어머님들이 자랑스러워하는 경우가 많지요. 아이에게 할 수 있다는 자신감을 심어주고 자격증이라는 것을 갖게 되어 좋다고 합니다. 시험 응시 수수료는 17,000원에서 2만 원 정도입니다.

이를 위해서 마지막에는 한자 보충 수업을 하기도 하고 가정에서도 한자를 점검합니다. 저희 아이들 역시 어린이집에서 일괄로 시험을 보러 간다는 안내를 받았었지요. 개인적인 차이가 있겠지만 저는 응시하지 않았습니다. 이유는 딱 하나, 어렸을 때부터 긴장감 속에서 시험을 보는 기억을 안겨주고 싶지 않았기 때문이지요.

우리는 왜 이렇게 자격증, 스펙 쌓기에 집중할까요? 연령도 점점 어려져서, 초등학생도 모자라 이제는 유치원생까지 자격증을 따야만 하는 것인지 저는 이해가 되지 않습니다. 그리고 그렇게 어린 나이에 자격증을 딴 아이들은 대부분 금방 까먹기 마련입니다.

저 역시 한자는 중요하다고 봅니다. 우리말은 한자를 알아야 이해되는 단어들이 무척 많기 때문이지요. 또한 제 경우에는 한자를 공부해둔 덕분에 이후 중국어를 배울 때도 훨씬 수월했습니다. 그렇지만 한자를 자격증의 도구로 생각하고 공부하는 것은 그다지 효과적인 공부 방법이 아니라고 생각합니다. 최소한 유아기에는 한자를 배우더라도 흥미와 재미로 접해야 합니다.

아이와 한자 그림 카드로 맞히기 놀이를 하거나 해당 한자가 생겨난 원리를 이해하고 단어를 맞히는 게임이면 충분합니다. 자격증을 위해서 한자를 쓰고 또 쓰는 일을 시키지 말아주세요. 이 시기의 아이들은 한자를 보고 그림처럼 따라 그리는 것뿐이지 우리가 원하는 것처럼 한자를 알아서 어휘를 이해하는 단계가 아니기 때문입니다. 저학년 아이들에게 한자를 가르쳐주고 싶다면 『읽으면서 바로 써먹는 어린이 사자성어』 시리즈나 『마법 천자문』 시리즈 같은 학습만화를 추천합니다.

저도 아이들에게 한자 공부를 시켰습니다. 다만 한자 학습지가 아닌, 시중에서 낱권으로 구매할 수 있는 『기적의 한자』 등의 교재를 활용했지요. 한자가 생겨난 원리를 이해하고, 파생되는 단어의 뜻을 아는 것까지를 목표로 했을 뿐 한자를 쓰게 하지는 않았습니다. 지금 5학년을 가르치면서도 아이들에게 한자 쓰기를 강요하지 않습니다. 한자를 보고 음과 훈을 알면 됩니다. 특히 저는 한자 교재에 나오는 한자어들만 모아서 슬라이드를 만들어 깜빡이 학습으로 학습하도록 합니다. 반복 학습으로 한자를 익히는 것입니다.

반복 학습을 통해 해당 한자가 '착할 선'인지, '신선 선'인지 구별해낼 줄만 알면 됩니다. 그리고 '善行'이라는 한자를 보고 '선행'이라고 읽을 수 있고, 훈을 기억하면서 '착한 행동'이라는 뜻을 알면 되지요. 한자를 쓰는 것까지 완벽하게 익힐 필요는 없습니다. 우리도 살면서 한자 쓸 일이 거의 없으니까요. 심지어 중국인들도 자신의 한자가 어려워 문맹률이 높은 것에 문제점을 느끼고 간체자로 쓰고 있는데, 우리 아이들이 굳이 한자 쓰는 데 시간을 소비할 필요는 없다고 봅니다.

물론 아이가 한자를 좋아하거나, 한자가 반드시 필요한 분야로 진로를 희망한다면 한자 공부를 해야겠지요. 그러나 단순히 아이의 자신감을 고취시키기 위해 어렸을 때 자격증을 따게 하는 경험이 필요하다는 말씀에는 그럴 필요가 없다고 단호히 말씀드립니다.

08

저학년 때 신청하면 좋은 방과 후 수업 추천해주세요

학교에서 운영하는 방과 후 수업은 가격도 저렴하고 연말정산에서 아이 교육비로도 공제를 받을 수 있습니다. 보통 분기별로 수업비와 재료비를 내는데, 한 달 기준 3~5만 원 정도라 부담이 적지요. 또한 가정 형편이 어려운 친구들에게는 바우처 형식으로 방과 후 수업도 지원되므로 가능하다면 이용하는 것이 좋습니다. 또한 학교에서의 강의가 경력에 도움이 되기 때문에 좋은 강사분들이 방과 후 수업을 맡는 경우가 많습니다.

아울러 가장 큰 장점은 맞벌이 가정의 경우 아이가 정규 수업이 끝나고 부모님이 퇴근하시기 전까지 여러 학원을 전전하는 것보다는 학교에 머무는 편이 훨씬 안전하다는 것이지요. 그래서 방과 후 수업은 맞벌이 가정에게는 가장 좋은 돌봄 대안이기도 합니다. 그래서 인기가 많은 방과 후 수업은 추첨을 거치기도 하고, 홈페이지 선착순 등록의 경우에는 신청 접수 날 온 가족이 컴퓨터 앞에서 대기하고 있을 정도입니다. 그렇다면 저학년 아이에게 좋은 방과 후 수업은 어떤 것들이 있을까요?

시간과 비용, 그리고 저학년 아이의 흥미를 고려하여 추천하는 방과 후 수업은 다음과 같습니다. 성별에 따라 선호하는 수업이 조금씩 다르기도 하지만, 남녀의 차이를 두지 마시고 아이 성향에 맞춰서 신청해주세요.

아이클레이, 종이접기 등의 공예 수업

가장 추천하고 싶은 방과 후 수업은 아이클레이, 종이접기 등의 공예 수업입니다. 이 시기에는 조작 활동이 무척 중요합니다. 자르고 오리고 붙이고 모양을 만들어내는 활동이 많은 도움이 됩니다. 실제로 초등학교 1, 2학년 때 가위질을 충분히 해보지 않은 아이들은 고학년 때 어려움을 겪습니다. 잘라서 붙이기만 하면 되는 작업에도 시간이 오래 걸리고 어려워하는 친구들이 있지요. 어렸을 때 충분한 조작 활동을 해보지 않은 것이 눈에 띕니다.

아울러 이 시기에 종이접기를 많이 해보는 것도 추천합니다. 종이접기는 눈과 손이 협응이 되어야 하는 어려운 작업입니다. 순서대로 차례에 맞춰 접어야 하는 고난도 작업이지요. 초등학교 저학년 때 충분히 해두지 않은 아이는 끝을 제대로 맞춰 접지도 못할뿐더러 조금만 어려워지면 금방 포기하고는 합니다. 아이클레이의 경우 손으로 계속 점토를 주무르면서 구체적인 모양으로 형태를 잡아가는 작업을 합니다. 양감과 질감을 배우는 좋은 경험이 되지요. 실제로 이런 걸 잘하는 친구들이 똑똑한 경우가 많았습니다. 방과후 수업으로 하지 못하더라도 초등 저학년 때는 아이클레이와 색종이를 많이 제공해주세요. 저 역시 아이들 유아 때부터 아이클레이와 색종이는 집에 넘쳐날 정도로 준비해주었습니다.

원예, 생명과학 등의 생물 수업

원예나 생명과학 같은 생물 수업을 듣다 보면 동식물에 대한 지식과 더불어 생명의 소중함을 배우게 됩니다. 수업에서 식물을 받아 오기도 하고, 달팽이나 소라게와 같이 가정에서 키울 수 있는 작은 생물을 주시기도 하지요. 선생님으로부터 충분히 수업을 듣고 받아 오는 생명체라서 아이들이 무척 애정을 가지고 키웁니다. 이 시기에는 많은 아이들이 강아지나 고양이를 키우고 싶어 하는데, 생명체를 키우기 위해서는 대단한 노력과 관심이 필요하다는 것을 미리 배울 수 있지요.

아이가 원하는 수업이라면 무엇이든!

마지막으로 추천하는 것은 '아이가 원하는 수업'입니다. 초등학교 저학년 때는 시간적 여유가 있습니다. 방과 후 수업이기 때문에 경제적 부담도 적지요. 따라서 한두 개 정도는 아이가 하고 싶어 하는 것을 선택하게 해줍니다. 춤을 배우고 싶어 하면 방송댄스를, 로봇을 좋아하면 로봇과학 수업을 신청해주는 것이지요.

추천하지 않는 수업

추천하고 싶지 않은 방과 후 수업은 국영수 위주의 수업입니다. 방과 후 수업에도 원어민 영어, 논술 글쓰기, 수학 수업 등이 있지만, 부모님이 기대하시는 학원 수준만큼의 가성비가 나오기 어렵습니다. 아울러 아이가 학교 수업이 끝난 이후에 또 학교에서 듣는 수업이라 집중하기도 어렵지요. 실제로 방과 후 영어 수업을 시켰는데 아이의 영어 실력이 오르지 않는다며 학교에 민원을 제기한 학부모님도 있었습니다. 그렇지만 학교는 학원이 아닙니다. 학원에서처럼 전담 선생님이 아이 실력을 테스트하고 꾸준히 관리해주는 것을 기대하시면 안 됩니다. 초등학교 저학년의 방과 후 수업은 놀이라고 생각해주세요.

09

유치원보다 더 빨리 끝나는 학교, 방과 후 스케줄이 고민입니다

정말 많은 부모님들의 가장 큰 고민입니다. 지금은 없어졌지만, 한때는 매년 3월 입학과 동시에 '적응 기간'이라는 것이 있었습니다. 짧게는 2주부터 길게는 3월 한 달 내내 초등학교 1학년 아이들의 적응 기간이 있었지요. 급식도 먹지 않고 오전에 바로 집으로 오고는 했습니다. 맞벌이 부모님에게는 정말 곤란한 상황이지요. 그래서 아이들이 이미 어린이집과 유치원에서 종일반으로 오후 늦게까지 지냈던 경험이 많은데, 학교라고 새삼스럽게 무슨 적응이 필요하냐는 이야기가 많았습니다. 그러면서 이제는 입학과 동시에 급식 지도가 진행되며 바로 5교시까지 하는 경우가 많아졌지요.

문제는 아이가 5교시까지 마치더라도 오후 2시 전에 집에 오게 된다는 겁니다. 이후 스케줄이 문제가 되지요. 특히나 맞벌이 부모님은 해당 시간을 어떻게 해결해야 하는지가 엄청난 걱정과 부담으로 다가옵니다. 아이를 돌봐줄 분이 없는 경우에 방법은 두 가지입니다. 첫째는 돌봄교실과 방과 후 수업을 활용하는 것, 둘째는 아이의 동선을 최적화해서 학원 스케줄을 짜주는 것이지요.

돌봄교실과 방과 후 수업 활용하기

저 역시 워킹맘이었으니 첫째 아이는 돌봄교실과 방과 후 수업으로 저학년을 보냈고, 둘째 아이는 돌봄교실 추첨에서 떨어져서 학원을 활용했습니다. 이처럼 돌봄교실을 원하는 사람은 모두 이용할 수 있다면 참 좋겠지만, 한 교실당 20명까지로 아이 수의 제한이 있다 보니 종종 돌봄교실 신청에서 탈락하는 학부모님도 있습니다.

돌봄교실을 이용할 수 있는 친구들은 방과 후 수업과 적절히 병행하며 부모님의 퇴근 시간에 최대한 맞출 수 있습니다. 그러나 학교에 너무 오랜 시간을 맡겨두지는 마세요. 학교에 너무 오래 있다 보면 아이가 너무나 외로워합니다. 그리고 학교의 질서를 무시한 채 뛰어노는 경우도 많지요. 가능하면 저녁은 아이와 함께할 수 있도록 노력해주세요.

하교 동선을 최적화하여 학원 스케줄 짜기

다음 방법은 아이의 동선을 고려하여 학원 스케줄을 짜주는 것입니다. 저의 경우는 우선 아이가 학교 수업이 끝나면 도서관에 가서 책을 보고 빌려올 수 있도록 했습니다. 그리고 정해진 시간이 되면 태권도나 픽업이 가능한 선생님이 와주실 수 있도록 했지요. 태권도를 가지 않는 요일에는 학교 바로 앞 학원을 활용해서 위험 요소 없는 이동 동선을 마련했습니다.

요즘에는 '아이 안심 알리미' 서비스를 이용해서 아이의 등하교를 확인할 수도 있고, 학원마다 '출결톡' 서비스가 진행되기 때문에 아이의 동선을 확인하기가 쉬워졌습니다. 또한 아이가 학원 중간중간에 간식을 사 먹을 만한 곳이 있는지도 살펴보셔야 합니다. 학원이나 학교가 밀집한 일부 지역에는 부모님이 사전에 간식비를 입금해두면 아이가 필요할 때마다 샌드위치나 삼각김밥, 빵 등을 먹을 수 있는 간식 가게도 있습니다.

가정에서 할 수 있는 방과 후 활동

맞벌이가 아닌 가정이나 조부모님 등 아이를 돌봐주실 분이 있는 경우에는 아이가 하교하면서 도서관에서 책을 빌려 오도록 해주세요. '하루 3권 도서관에서 대출해 오기'와 같이 아이가 꾸준히 도서관을 이용하는 습관을 들이도록 약속해두는 것도 좋습니다. 그리고 아이가 집에 오면 간식을 먹고 쉬면서 빌려온 책을 읽도록 하는 것이지요.

그 외에도 아이와 함께 방과 후 집에서 할 수 있는 다양한 활동을 요일별로 제공해주는 것도 좋습니다. 저학년 때 가정에서 해볼 수 있는 활동은 다음과 같습니다. 책 3권 읽기, 줄넘기 100개 하기, 악기 연습하기, 종이접기, 아이클레이, 수채화 물감으로 그림 그리기, 영어 동영상 20분간 보기(넷플릭스, 디즈니 등), 수학 연산 연습, 사고력 수학 문제 풀기 등이지요. 학원을 보내지 않고 스케줄에 맞춰 부모님이 해줄 수만 있다면 아이의 학원비를 아낄 수도 있지요.

아이가 즐겁게 할 수 있는 다양한 활동을 고른 뒤, 아이와 함께 요일별로 스케줄을 짜보세요. 아이 스스로 그것을 지키도록 유도해주는 것은 자기 주도성을 기르는 데에도 큰 도움이 됩니다.

10

초등 저학년 아이에게 스마트폰을 사 줘도 될까요?

요즘은 초등 저학년 아이들에게도 스마트폰을 사 주는 부모님들이 많지요. 워낙 세상이 무섭게 느껴지기도 하고, 옛날처럼 학교 끝나고 아이가 곧장 집으로 올 수 없는 상황이 많기 때문이기도 합니다. 맞벌이 가정의 경우 아이의 하교 시간과 부모님의 퇴근 시간 사이에 공백이 길다 보니, 학원 여러 곳을 돌다가 저녁에야 집에 오는 아이들도 많지요.

이처럼 맞벌이 가정의 경우에는 아이에게 휴대폰을 사 주는 것이 필요하기도 합니다. 아이가 현재 어디 있는지 바로 확인할 수 있어 불안한 부모의 마음을 조금이라도 달래줄 수 있지요. 또한 일정 알림 등을 활용해 아이가 스케줄에 맞게 움직이도록 도와줄 수도 있습니다. 단, 이때는 모든 기능이 들어간 스마트폰보다는 키즈폰을 추천합니다. 최근 판매되는 키즈폰은 스마트폰 기능도 들어 있지만, 앱 설정부터 인터넷 사용까지 보호자가 제한을 걸어놓을 수 있어 원하는 기능만을 켜고 끌 수 있습니다. 스마트폰 사용이 걱정된다면 이러한 키즈폰을 구매해 다른 기능은 모두 제한을 걸고 전화 기능만 남겨놓을 수도 있지요.

반면 부모님의 신념에 따라 아이에게 휴대폰을 사 주지 않는 경우도 있지요. 그러나 이때 주변 사람들에게 본의 아니게 폐를 끼치는 일이 많아질 수도 있습니다. 아이가 친구의 휴대폰을 계속 빌려 쓰기도 하고, 부모님 역시도 아이의 현재 위치를 바로 알 방법이 없으니 도서관 선생님이나 담임 선생님께 매번 전화나 문자를 하기도 합니다. 실제로 담임 선생님께 문자로 "아이에게 학교 끝나면 곧장 피아노 학원에 가라고 전해주세요" 하고 부탁하는 학부모님도 있습니다. 아이에게 그때그때 전해야 할 말을 주변 사람에게 연락해 대신 전달해달라고 부탁하게 된다면 차라리 휴대폰을 사 주는 편이 낫습니다. 나의 신념을 지키는 것보다 실제적 여건과 다른 사람에게 피해주지 않는 것이 더 중요합니다.

에필로그

최선을 다하고 있다면 흔들리지 마세요

불안하시지요? 잘하고 있는 건지. 이렇게 키우면 되는 건지. 더 많이 해주고 싶은데 못 해주는 것 같아 미안하고, 나는 이렇게 최선을 다하고 있는데 몰라주는 남편과 아이들이 야속하지는 않나요?

교직에서 선생님들이 흔히 하는 말이 있습니다.

"아이가 초등학교 1학년이 되면 부모님도 초등학교 1학년이 된다."

분명 자신도 초등학교를 6년이나 다녔는데, 30년이 지나 아이를 보내보니 모든 것이 새롭기만 합니다. 낯설고 불안한 건 당연하지요. 우리는 모두 부모가 처음이고, 초등학교 1학년 자녀가 처음이니까요.

자신의 자리에서 최선을 다하고 있다면 불안해하지 마세요. 너무 흔들리셔도 안 됩니다. 왜냐하면 아이들이 보고 있기 때문이지요. 부모님이 흔들리면 아이는 더 방황하게 됩니다. 나를 이끌어주어야 할 부모님이 자신의 선택이 맞는지 틀리는지 모르는 채 옆집 엄마의 밀대로 나를 이끌어가면 아이는 더 불안해집니다.

자격지심을 건드리는 친척의 말들, 불안함을 조성하는 옆집 엄마 말들, 지금 아니면 안 된다는 사교육의 말들을 걸러들어 주세요. 우리가 보아야 할 것은 아이 그 자체입니다. 다시는 돌아오지 않을 인생에서 가장 행복해야 할 초등 아이입니다.

우리 아이가 지금 보내고 있는 초등학생 시기는 인생에서 아무 걱정 없이 뛰어놀 수 있는 유일한 시기입니다. 이 시기에 국영수 학습에 빠져 우리 아이를 가두어두지 말았으면 합니다. 우리가 키워내야 할 아이의 모습은 꾸준히 독서할 줄 아는 아이, 자신의 생각을 정리해서 이야기할 줄 아는 아이, 집중할 때는 집중하고 놀 때는 놀 줄 아는 아이입니다.

또한 아이의 국영수 학습만을 위해 우리의 젊고 찬란한 30대, 40대를 버리지 마세요. 그 모든 희생이 훗날 허무함으로 다가올 수 있습니다. 나도 공부하고, 아이도 공부하게 해주세요. 그리고 바른 공부를 영리하게 할 수 있도록 이끌어주세요. 그렇게 하기 위해서는 우리가 먼저 많은 공부를 해야 합니다. 아이를 공부시킬 게 아니라 우리가 공부해야 하는 것이지요. 그래야 흔들리지 않을 수 있습니다.

18년간 교직에 서 있는 저 역시도 아직도 교육서를 읽고, 상담심리 석사를 마쳤음에도 아직도 상담 관련 책을 계속 읽으며 공부합니다. 물론 제 직업이 교사이니 우리 반 아이들을 잘 지도하기 위한 것이지만, 그것보다 더 큰 이유는 엄마로서 두 아이를 잘 키우기 위한 것입니다. 그리고 아이들을 위해 공부를 하다 보면 결국 가장 큰 도움을 받는 것은 바로 제 자신이라는 것을 느끼게 됩니다.

나의 삶은 다른 사람이 평가하는 것이 아닙니다. 나와 내 가족이 우리의 삶을 평가할 뿐입니다. 가장 중요한 사람, 의미 있는 사람에게 존경받고 인정받는 삶이 성공한 인생이 아닐까요?

그러니 힘내세요. 불안해하지 마시고요. 우리 부모님과 예쁜 아이들의 미래를 응원합니다.

PS. 세상에 태어나 나를 엄마로 살게 해준 사랑하는 두 아이 준솔, 준도, 그리고 소신 있는 교육을 할 수 있도록 흔들리지 않게 지켜주는 남편에게 감사를 표합니다.

공부 자존감은 초3에 완성된다

앞으로 공부 9년을 좌우하는 초등 교육의 모든 것

초판 1쇄 발행 2022년 1월 3일
초판 2쇄 발행 2023년 10월 16일

지은이 김선
발행인 이재진 **단행본사업본부장** 신동해
책임편집 김동화 **디자인** 어나더페이퍼 **마케팅** 최혜진 신예은
홍보 반여진 허지호 송임선 정지연 **제작** 정석훈

브랜드 웅진지식하우스 **주소** 경기도 파주시 회동길 20
문의전화 031-956-7355(편집) 031-956-7087(마케팅)

홈페이지 www.wjbooks.co.kr
인스타그램 www.instagram.com/woongjin_readers
페이스북 https://www.facebook.com/woongjinreaders
블로그 blog.naver.com/wj_booking

발행처 (주)웅진씽크빅
출판신고 1980년 3월 29일 제406-2007-000046호

ISBN 978-89-01-25530-9 03370

- 웅진지식하우스는 ㈜웅진씽크빅 단행본사업본부의 브랜드입니다.
- 책값은 뒤표지에 있습니다.
- 잘못된 책은 구입하신 곳에서 바꾸어드립니다.